Margarita Arnal Moscardó

La auténtica
baraja española

Tarot tradicional

EDICIONES OBELISCO

Si este libro le ha interesado y desea que le mantengamos informado de
nuestras publicaciones, escríbanos indicándonos qué temas son de su interés
(Astrología, Autoayuda, Ciencias Ocultas, Artes Marciales, Naturismo,
Espiritualidad, Tradición...) y gustosamente le complaceremos.

Puede consultar nuestro catálogo en www.edicionesobelisco.com

Colección Libros Singulares
LA AUTÉNTICA BARAJA ESPAÑOLA
Margarita Arnal Moscardó

1.ª edición: octubre de 2009

Maquetación: *Natàlia Campillo Cruellas*
Corrección: *M.ª Ángeles Olivera*
Diseño de cubierta: *Enrique Iborra*

Edita: Ediciones Obelisco S. L.
Pere IV, 78 (Edif. Pedro IV) 3.ª planta, 5.ª puerta.
08005 Barcelona - España
Tel. 93 309 85 25 - Fax 93 309 85 23
E-mail: info@edicionesobelisco.com

Paracas, 59 C1275AFA Buenos Aires - Argentina
Tel. (541-14) 305 06 33 - Fax: (541-14) 304 78 20

ISBN: 978-84-9777-570-0

**Para conseguir el mazo de cartas del Tarot Tradicional Español,
ponerse en contacto con Salvador Conesa Garrido. Tel. 670722522
o a través de su página web: www.naipescomas.com**

DEDICATORIA

Dedico este libro, basado en la cultura tradicional, a la familia, en especial a mi abuela Luisa, que se atrevió en tiempos oscuros y difíciles a desvelar los misterios de la baraja española.

A mi padre, Manuel, que me transmitió la pasión por el conocimiento, y a mi madre, Rita, que no necesita las cartas para saber si estoy bien o mal.

A mis hermanas, Rita y Julia, que sé que están conmigo pase lo que pase.

A Monti, que ha visto en primera fila mi esfuerzo al escribir rememorando mi pasado.

Y también lo dedico a todos aquellos que se sientan felices al leer este libro, porque hace mucho tiempo aprendí que, después de todo, «Nosotros somos lo que somos capaces de sentir», amigo lector. Infinitas gracias.

Con estas lecturas y este pequeño libro, he pretendido, una vez más, difundir un conocimiento que representa la cultura. Deseo que les guste y, como poco, crean que es merecedor de estar en su estantería. Les aseguro, amigos lectores, que lo he escrito con todo mi corazón. Gracias por leerlo.

PRÓLOGO

Cuando contaba 25 años, en 1982, y debido a las circunstancias que estaba viviendo, una buena amiga me recomendó que consultara a una persona que podría ayudarme leyéndome las cartas del Tarot. Decidí hacerlo aunque con miedo dado que necesitaba consejo. Me sorprendió gratamente descubrir que las cartas podían resumir lo que me había sucedido y me estaba ocurriendo en esos momentos. Unos cuantos meses después, comprobé cómo se desarrollaron los acontecimientos predichos por los naipes sin dejar de preguntarme qué podían o cómo era posible que una persona, sin conocerme absolutamente de nada, ayudada de unas cartas dispuestas de forma que no entendía y con unas simples o complicadas preguntas, podía conocer hechos de la vida de las personas y, en este caso, de la mía. Tras ese primer contacto con el Tarot, algo en mí, me hizo sentir que el Tarot conllevaba algo más, y tuve la imperiosa necesidad de acceder investigar en profundidad.

En aquel entonces, a finales de la década de 1980, parecía existir en Barcelona, como en otras ciudades de España y del mundo, un interés creciente por el esoterismo y se desarrollaban encuentros con el fin de compartir un «conocimiento universal», un saber que, durante años y siglos, se había intentado apartar o destruir y que sólo unos cuantos habían preservado con mucho esfuerzo y, a veces, a costa de sus vidas.

Un día me aventuré a comprar mi primer Tarot y algunos libros sobre su simbología y uso.

Imbuido por completo en el estudio en infinidad de obras sobre el Tarot no acababa de encontrar un libro u obra que pudiera complacerme. Hasta que cayó en mis manos *El gran libro del Tarot*, escrito por Margarita Arnal Moscardó y publicado por Ediciones Obelisco. Nada más ojear sus páginas, pude apreciar que tal obra era exactamente lo que estaba buscando: directa, precisa, bien estructurada, clara, comprensible, con diversas posibilidades de lectura, con valor de concepto astrológico en las figuras y arcanos mayores, numerología esencial y lecturas concisas de tiempo definido...

El gran libro del Tarot me ofrecía, ya en las primeras páginas, poder contactar con la autora, algo que hice, pues ya nada podía hacerme desistir en mi deseo de continuar aprendiendo. Pero, en este caso, prevalecía el motivo de que me pudiera recibir en su consulta, debido a momentos muy difíciles que tenía que sobrellevar por mi estado de salud. Su lectura de las cartas me animó y me hizo ver cómo enfocar mis problemas. No sólo me ayudó a superarme, sino que también me animó a seguir adelante en el estudio que yo tanto ansiaba, ofreciéndome su saber y enseñanzas en los cursos que ella impartía.

Inicié un curso de Tarot Europeo con Margarita Arnal que marcó profundamenet mi vida. Margarita me enseñó tanto a mí como a los demás alumnos, lo esencial y preciso de aquello que esperábamos o nos podía ofrecer el Tarot. Con muchos años de estudio y experiencia en su trabajo, nos mostró cómo introducirnos en el mundo de la predicción y la evolución personal a través de las cartas. Sus experiencias eran más que teoría; en este sentido, omitía los conceptos vanos y sin sentido atribuidos al Tarot. Tanto en la teoría como en la práctica, Margarita Arnal insistía en cómo era necesario, además de los conceptos generales o concretos, establecer un código propio con las cartas para poder aplicarlo a nuestras vidas o a las de los demás, si es que deseábamos prestar ese servicio. Nos enseñó que no éramos ni tiradores ni echadores de cartas, sino que éramos lectores de cartas, o psíquicos. Ella podía transmitirnos su saber, aprendido durante tanto tiempo, en lo que en sí es el Tarot: unos símbolos universales de lo que somos, un reflejo de nosotrso mismos en el Universo.

Jamás disfruté tanto como en los cursos de Margarita sobre el Tarot Egipcio, tema de una obra que también ha publicado Obelisco por su enfoque innovador y personalisimo.

También me fascinó su último libro, *Salud, sexualidad y reencarnación a través del Tarot* (Ediciones Obelisco), una obra imprescindible en la biblioteca de todo aficionado al Tarot.

Durante todo este camino de estudio y aprendizaje con Margarita, tuvimos la idea de preparar una nueva baraja española. Pero no en su presentación de 48 cartas o 52 (póquer español) como se la ha conocido hasta ahora, sino en una de 56 cartas representativas de los arcanos menores, que conserva todo el grafismo simbólico y diseño tradicional.

De esta idea nacieron una nueva baraja y el libro que ahora tenéis entre las manos. Una pieza única dado que se centra en la recuperación de dieces y reinas, apartados durante siglos, y tan importantes para el autenticidad de este Tarot.

Gracias al apoyo de la empresa Naipes Comas, la nueva baraja respeta el más puro diseño tradicional, un modelo fabricado en 1929 y más tarde en diferentes revisiones, como la de 1954 y 1985, esta última escogida por su bello diseño y presentación para nuestro trabajo. Naipes Comas es una empresa que se dedica a la fabricación de naipes desde 1797 y en la que Margarita Arnal ha depositado toda su confianza durante años, como muestra la creación de su famoso Tarot Egipcio y las explicaciones para el Tarot Adivinatorio, fiel reproducción de la baraja Arnoult de 1748. Así que, con todas estas bases, se confeccionó la nueva baraja española para mi deleite y el de las demás personas interesadas en una nueva proyección de estudio y trabajo.

Espero haberos trasmitido todo mi cariño hacía este nuevo libro de Margarita. Esta obra prestará un servicio valiosísimo a todos aquellos que ansían más saber, al ofrecernos una nueva y fascinante visión de nuestra peculiar y querida baraja española. ¡Auténtica hay sólo una!

SALVADOR CONESA GARRIDO

«Eran tiempos oscuros, tras la guerra, la posguerra, las prohibiciones, la Iglesia, las almas perdidas, que más que nunca necesitaron consuelo e información verdadera. A unos pocos les fue dado el don de la videncia, pero muchos menos se atrevieron a burlar la opresión a favor de la gente sin importarles el bando. por todos ellos, los no nombrados en los libros de historia, el pueblo.»

LA CARTOMANCIA
El arte del Tarot tradicional español

El origen del Tarot es discutido todavía en nuestros días por los investigadores de tan fascinante tema, aunque la leyenda del dios Thot egipcio y su libro de las 78 laminas de oro, escrito para los seres humanos, no nos deja indiferentes. Para mí hay claros vestigios de que el Tarot de 78 cartas proviene de Egipto, pero cuando hablamos de cartomancia, baraja española, naipes, etcétera, debemos tener muy claro en qué momento se produce una transformación y desaparecen los 22 arcanos mayores del Tarot. Es en el siglo XI, cuando el Tarot, ya conocido como nabis en Italia, comienza a interpretarse sin los 22 arcanos mayores, con una transformación de imagenes que pretenden una afinidad con la sociedad de la época. Así, el palo de Espadas representa, los soldados, el ejército. Las Copas, la corte, la vida fácil, las fiestas. Los Oros, el dinero, las influencias y la opulencia, y, finalmente, el palo de Bastos, los campesinos, el pueblo. En una primera metamorfosis, quedan 56 cartas, para finalmente reducirse a un total de 48, conocida como la baraja española. Todo esto se explica en cuanto que el pueblo que trajo ese conocimiento a Europa fue la etnia gitana, «los zíngaros», y, como pueblo nomada que transmitían el conocimiento oralmente, el hecho de eliminar los 22 arcanos mayores fue más algo necesario en su vida cotidiana, condicionado por el principio de que sus ingresos procedían del arte de leer la «buena fortuna» a través de los nabis, leer la mano, etc. al pueblo llano. Su música les trajo una fama merecida. En este sentido, ellos mismos comentaban que su conocimiento lo habían adquirido tras su paso por Egipto, lo que les valió que en aquella época les llamaran *gypsis*, que significa «egipcio».

Pero la prohibición de los nabis no se hizo esperar y la Iglesia condenó expresamente esa práctica al calificarla de demoníaca, lo que dio paso a la tercera transformación: la actual baraja española de 48 cartas, que llegó a la península Ibérica camuflada como baraja de juegos, que ha formado parte de la cultura de nuestro país, y sólo unos pocos, siguiendo la tradición oral, la ha utilizado para leer el futuro.

Este libro pretende dar a conocer este conocimiento tras un largo proceso de investigación, cuya máxima fuente de saber procede de mi padre y de mi abuela Luisa, quien leía las cartas españolas en Barcelona en la calle Hospital en aquella época tan gris de la guerra y la posguerra.

Cuántos fueron los que buscaron ayuda en mi abuela y en otros como ella, tantos que no es posible cuantificarlos, pero no hay duda alguna de que en manos expertas y almas buenas, estos pedazos de cartón obran el milagro de hablar de forma clara y contundente. Esto es un hecho. Aunque la hipocresía ignorante trata de esconder que son muchos los que consultan, lo cierto es que funciona más allá de toda lógica, pero, por suerte, nuestra mente es un caudal tan grande que es desconocido actualmente por la ciencia oficial, y sólo el verdadero científico no niega la evidencia, sino que busca la explicación a este fenómeno. Debemos dar las gracias a los físicos cuánticos, ya que son capaces de explicar que los verdaderos psíquicos existen. Gracias a la gente que, con su propia experiencia, sabe que la cultura, el conocimiento y la conexión con el universo que nos rodea es, cuando menos, a veces, posible.

Pero seguimos hablando del Tarot tradicional español, sin duda alguna el más cercano al Tarot y, por ende, el más completo. La baraja española no tiene 9, 10 ni Reinas, pero, en un principio, sí las tuvo y cuando se utilizan es como tener el

Luz de espiralidad

puzzle completo. Mi abuela empleaba las Reinas; decía que no incluirlas era como decir que las mujeres no existían.

Hay otra forma esotérica de contemplar el Tarot tradicional español que se basa en la comparación de una corte feudal, que se divide en poder y grados, donde el Rey y la Reina son los amos su protegido y campeón comandante de sus ejércitos el Caballero, que, en ocasiones, coincide con el hijo mayor, el sabio y valiente embajador que en ocasiones coincide con el hijo menor o la hija menor, y las cartas numeradas del 1 al 10 son el vulgo sometido al Señor y la Señora, como ocurre en el ajedrez, donde los peones están unidos a los movimientos de la Reina, el Rey y su color. Aunque esta teoría no es aceptada por todos los estudiosos, creo que, en la antigüedad, saber y cultura eran a veces sinónimo de peligro y prohibición. Se utilizaron muchos códigos ocultos en juegos y aparentes vanalidades humanas.

Bien podemos decir de modo general sin temor a equivocarnos que el REY representa en su esencia el que gobierna, manda, dirige y tiene el poder; es el principio masculino, el padre, la autoridad. La Reina, la representación de lo femenino, la madre, la esposa, la hermana, la que influencia sobre el Rey de forma sutil y femenina.

El CABALLERO es el paladín justiciero propio de las antiguas órdenes de caballería: En este sentido, hay quien ve en ellos la representación de los antiguos templarios. Son los intermediarios entre el alma y lo terrenal, el espíritu de lucha y trabajo de forma noble y leal. La SOTA es una representación más etérea, que, de igual modo, representa a un hombre que a una mujer; es el intermediario, el mensajero, el que trae las nuevas, el que representa básicamente la juventud sabia.

Acerca de los cuatro palos, existen diferentes explicaciones, que son marcadamente diferentes en función del lugar y la época de su aparición. Seguidamente, paso a detallar las más curiosas a mi juicio, ya que hay muchas...

Se han comparado los cuatro palos con la lanza de Longinos, portador del Santo Grial en el palo de Espadas, el palo de Oros con el cayado de san Pedro, la piedra de santa Colomba con su cruz para el palo de Bastos y la mismísima copa del Santo Grial para el palo de Copas.

Hay quien ve un paralelismo con antiguas leyendas celtas, la más famosa o popular los 4 tesoros mágicos, como son la lanza de Lug, la espada de Nuada, la caldera de Dagda y la piedra de Fal.

Otras personas han comparado la *Divina comedia* de Dante con los 4 palos... y un largo etcétera. Según mis investigaciones, la tradición habla de ESPADAS: Milicia, soldados, guerra. OROS: comercio, dinero. COPAS: clero y corte. BASTOS: campesinos. Y mucho más.

No fue fácil elaborar una síntesis que funcionara, aunque todos los trabajos terminan por culminar en resultados. Es posible, amigo lector, que, en función del país en el que se encuentre, un libro de cartomancia le hable de orígenes distintos, e incluso significados variados, o, como no, la tontería inventada en el siglo XVIII de las cartas invertidas, que no existen realmente, pues los jeroglíficos del papiro Mnemaker-aadad-eikha, actualmente en el Museo Británico, atribuido al dios Thot, el libro de las 78 laminas de oro, no tiene ningún jeroglífico en posición invertida. Pero más cercano a nosotros, paséense por la catedral de Siena, en Italia, y vean en su pavimento los 22 arcanos mayores, y en los retablos los 56 arcanos menores; debajo del altar, en el púlpito, bajo unos burdos cartones, se esconden, la carta del loco y el diablo, y ¡oh, sorpresa! todas están del derecho. Cuántos libros repiten el error histórico…

De hecho, la cartomancia en Francia figura con diferentes nombres. Se atribuye a Jacquemin Gringonneur su conocimiento. Fue por encargo de Carlos VI, quién encomendó a Carlos Ploupart que realizara tres juegos de naipes para divertir al monarca. Se basó en la baraja española y cambió el nombre de los palos por el TRÉBOL, PICA, CORAZÓN y ROMBO, pero el significado, en esencia, siguió siendo el mismo.

Aunque sabemos que el sínodo de Worchester prohibió el juego del Rey y la Reina, se conoce por distintas fuentes que la baraja ya era familiar en España en el siglo XII, pero hasta el siglo XV el *Tratado de las especies de adivinación*, escrito por el obispo Lope Barrientos, no lo hace popular para la corte y la misma Iglesia.

Con todo esto vamos a caminar por un conjunto de historias que nos revelen o pongan en contacto con una sabiduría ancestral llamada TAROT TRADICIONAL ESPAÑOL.

Historia de los símbolos
y de los humanos

Capítulo 1

LOS 56 ESTABAN REUNIDOS

El Castillo Dorado de la Reina de Oros, estaba a la espera de sus invitados. Tras sus muros infranqueables se escondía una fortaleza mágica que sólo sus más allegados conocían, aunque una vez cada 2.000 años, cuando el Sol y la Luna formaban un eclipse y la Tierra recibía 12 horas de oscuridad total, se franqueaban las puertas para dejar pasar a todos los elegidos, los guardianes de la memoria, «los Símbolos», pues no debían mostrar su sabiduría simbólica al exterior y correr riesgo alguno de que se perdieran, pues la pérdida de uno solo significaría un grave peligro para los humanos; ellos salvaguardaban el conocimiento, la puerta que comunica con el universo. Si los seres humanos perdían esa llave, acaso se perderían en la noche de los tiempos… Claro que la última vez que se refugiaron en el Castillo Dorado, durante aquellas 12 horas, los humanos sumidos en su oscuridad causaron unos cuantos desastres… Se perdió la civilización egipcia, la sumeria, apenas quedaron griegos y claro, qué trabajo tuvieron que realizar a lo largo de 2.000 años más para llegar a la era de la tecnología, la ciencia, la cultura, la comodidad, y sí, había que reconocerlo, las bombas, las armas… Pero es que los humanos siempre interpretaban las Espadas a su manera, por no hablar de sus excesos al interpretar siempre tan mal las Copas, confundiendo los sentimientos con el placer, y, además, ese egoísmo desmesurado, ese afan por poseer, culpando a los Oros, en lugar de interpretar la fluidez de la abundancia universal y el resultado. Bueno… unos tanto y otros tan poco. Para distraerse se unían tantas veces en falsas alianzas… que olvidaban sus propios orígenes: el trabajo, la familia, los valores. Los pobres Bastos estaban desesperados. Ya en el último cónclave estuvieron a punto de pedir consejo de urgencia y solicitar una reunión urgente. Por suerte, llegó el cambio de ciclo, hecho que obliga a reajustarnos todos… (Así pensaba el As de Oros.)

La belleza del castillo era suntuosa, pero equilibrada a la vez. Los grandes cortinajes rojos y dorados que cubrían las ventanas contrastaban con los pórticos y puertas de oro. Los techos tenían cristales de colores inimaginables con formas bellas y dulces, donde estaban representados en su máxima belleza los 56 elegidos. En las estancias de la Reina se encontraba su fiel consejero, la Sota de Oros, que vestía un traje sencillo, pero hermoso. El sombrero del que salía el pañuelo azul para mostrar su rango de sabiduría se completaba con el círculo dorado que le acompañaba a todas partes; su rostro estaba serio, lejos de su jovialidad habitual. La Reina, por el contrario, estaba espléndida, también bajo su corona; tenía el pañuelo azul, signo de sabiduría e inteligéncia, pero era la Reina y su cetro de mando era una flor amarilla, que sólo crecía en las más altas montañas, allí donde impera el viento y la ventisca. La flor era su cetro de mando, y el círculo dorado que se encontraba en ella constituía su inmenso poder.

La Reina se sentó en su trono, cubierto éste de piedras preciosas en los lados. Visto de frente no parecía, ningún trono ostentoso, pues las piedras preciosas no eran perceptibles a simple vista. Con la flor amarilla en la mano indicó a la fiel

Sota que tomara asiento frente a ella, obedeció y la Reina, formuló las temidas preguntas:

—Dime, fiel Sota, ¿crees que los elegidos estarán de acuerdo con nuestro plan de ayuda a los humanos cuando lo expongamos?

—Querida Reina, creo que debemos tratarlo sólo con los arcanos de la corte, sobre todo por el Palo de Bastos. Están muy ofendidos, se quejan de que los humanos han perdido los valores, y reniegan de la familia y el trabajo; hay mucha destrucción, guerras… Creo que prefieren otra destrucción de la civilización y volver a empezar –le contestó la Sota de Oros.

—Entiendo su posición, pero lo habría esperado más de las Espadas, ¿cuál es su postura, Sota?...

—Las Espadas están divididas, pero siempre acatan las órdenes de los arcanos de la corte y creen que el ser humano sufre sus propios errores, así y con todo, están más abiertos al diálogo.

—Entiendo –dijo la Reina– ¿Y las Copas?...

—Majestad, ellas creen en los sentimientos de los humanos; piensan que se pueden salvar, ellas son nuestros eternos aliados.

—Por supuesto, inteligencia y sentimientos deben estar unidos, pero sin la capacidad de superación y los valores no lo conseguiremos. Tendré en cuenta tu propuesta de reunirnos en consejo sólo con los arcanos de la corte, aunque tan sólo puedo proponerlo a votación; de otro modo se hará por mayoría, a no ser… –la Reina enmudeció.

La Reina indicó con la mano a la Sota de Oros de que debía retirarse.

La Sota se levantó y salió de los aposentos de la Reina. Su mente geminiana comenzó a funcionar, pensando en todas las posibilidades. Sí, claro, podía hablar con sus amigos las Sotas, quizá podrían hacer algo… –pensó para sus adentros.

La Reina de Oros, visiblemente preocupada, se dirigió al aposento del Rey de Oros franqueó la puerta y allí estaban el 2 y el 3 de Oros. Ambos inclinaron sus discos dorados en señal de respeto, primero el dos. No en vano su intención era de servir y ayudar. Se apresuró a tocar el dispositivo que abría la puerta de la estancia del Rey, mientras el 3 de Oros permanecía con los Oros inclinados disfrutando de su honor de contemplar a su Reina, su líder. Ella les recorrió a ambos con la flor dorada, en señal de reconocimiento.

La Reina de Oros se encontró con el Rey de Oros, que era increíblemente hermoso, majestuoso, de sonrisa franca y hechicera; la Reina sabía que debía dejar al Rey en palacio, pues a todas las Reinas, excepto a la de Bastos, les gustaba coquetear con él… Iban a ser unas horas muy largas.

—Querido Rey, tú que tanto sabes y tan justo eres, que siempre buscas el equilibrio de la balanza, dime, ¿crees que debemos someter a votación la cuestión que nos ocupa a los 56 elegidos o tan sólo a los arcanos de la corte?…

—Mi Reina, es demasiado importante como para limitarnos a los arcanos de la corte; debemos ser todos; todos debemos ser escuchados y luego decidir.

—Claro, Rey de Oros, pero tú siempre dices que deben decidir los que están preparados, y no estoy segura de que todos lo estén por igual –contestó la Reina.

—Eso que dices merece ser meditado; daré una vuelta e iré en busca del Caballero de Oros; quiero saber su opinión. Supongo que tú habrás hablado ya con la Sota. La Reina asintió y el Rey se levantó para ir en busca del Caballero.

Mientras, fuera de palacio, a lo lejos, se comenzaba a oír el ruido de carruajes. Se acercaba el momento del banquete y la decisión final, cuando el 4 de Oros desde la Torre más alta vio que se acercaban; entonces, la escalera mágica haría su aparición y podrían ascender hacía la entrada del Castillo Dorado suspendido en el aire. Todavía recordaba el 4 de Oros con nostalgia cuando fueron al castillo de la música, donde los anfitriones eran las Copas. Fue magnífico, el Castillo estaba en el interior de una caverna, sonrió para sus adentros (qué bien lo pasó bailando con el 7 de Copas, son tan divertidos, pero esta vez, la reunión es muy seria, muy seria…). Sus discos dorados se oscurecían invadidos por los pensamienos de preocupación.

El encuentro del Rey de Oros
con el Caballero de Oros

El Caballero de Oros se encontraba en el patio de armas y las armas eran discos dorados de energía pura y positiva. Cuando se enviaban a los humanos, éstos recibían dosis de genialidad práctica que les permitía conseguir sus propósitos materiales. Los humanos habían fallado tantas veces, habían aplicado tan mal su ventaja utilizándola para subyugar a los más débiles… El rico oprimiendo al pobre, las alianzas económicas, siempre abusando y tomando lo que no necesitan, eliminando incluso vidas humanas… Cuánto desastre. Aunque también era cierto que unos pocos habían dado muestras de gran generosidad, y había que reconocer que también existían alianzas de ayuda a los más necesitados, pero era una guerra que se repetía. Otra vez se debía buscar el equilibrio a través de las ideas, la lógica, la inteligencia… ¿Es que acaso era inútil ayudar en su evolución a la raza humana?… ¿Es que no tenían salvación?… El Caballero de Oros estaba convencido de la respuesta; había perdido la fe en ellos. «Los Bastos tenían razón –pensaba–; había que empezar un nuevo ciclo.»

El cinco de Oros se acercó al Caballero y, de forma directa y franca, le habló:

—Señor, perdone mi atrevimiento, le veo preocupado; quizá es por la votación.

—No, mi fiel amigo. Es por las consecuencias de esta… no debemos equivocarnos. Si finalmente decidimos no ayudar a los humanos, ellos perderán nuestra fuerza, y todos sabemos que sin nosotros, los símbolos, no hay aprendizaje del pasado, no hay memoria y mucho menos fuerza para el futuro. Pero si les ayudamos y aun así siguen con su afán de destrucción… No sé qué debemos hacer, que és lo mejor.

El cinco de Oros levantó sus discos hacia el cielo y, de manera solemne, como siempre que utilizaba su poder, le contestó:

—Intentarlo de nuevo; es una oportunidad para cambiar la evolucion humana. No hacerlo (bajo sus discos dorados hacia el suelo) es, con seguridad, su condena, su destrucción.

Inclinó su cabeza y se alejó.

A lo lejos, el Rey de Oros, seguido por su asistente, el fiel seis de Oros, se acercaba al Caballero.

—¿Cómo se presenta la noche? Infórmame.

—Alteza –inclinó la cabeza desde la grupa de su caballo, a lo lejos vislumbro los carruajes de las Copas, los Bastos y las Espadas que se acercan con sus huestes custodios. La Luna ensombrecerá el Sol dentro de apenas dos horas.

—Así, sólo nos quedan dos horas para deliberar nuestra posición y propuesta. Reúne al siete de Oros y venid los dos al salón del conocimiento. Tú –señaló al seis de Oros–, encárgate de que todo esté dispuesto a nuestra llegada.

El seis de Oros inclinó sus discos en señal de respeto y se alejó, no sin antes soltar la enorme capa del Rey, que quedó arrastrando por el suelo.

El Rey, a solas con el Caballero le habló.

—Debemos decidir si es mejor proponer una votación entre los arcanos de la corte o todos los símbolos –su voz se tornó grave.

El Caballero asintió para tan sólo añadir:

—Así sea.

Ambos caminaron hacia el salón del conocimiento. Mientras tanto, el ocho de Oros y el nueve, tras un gesto del Caballero, se dirigían a ocupar su lugar y a hacer de vigías para controlar la llegada de tan ilustres visitantes. Pero el ocho y nueve de Oros habían oído las palabras del Rey y, cuando ya se habían alejado comenzaron a hablar.

—¿Tú crees que es mejor que voten sólo los arcanos? Yo no –respondió. Creo que debemos hacerlo todos, pues finalmente, si deciden que no ayudemos más a los humanos, deberemos regresar al mundo del olvido, y si ha de ser así, quiero poder expresar mi opinión.

—Estoy de acuerdo, aunque yo cuando vote, si es que puedo, lo haré para descansar. Estoy harto de que los humanos me interpreten mal y en mi nombre se peleen entre ellos.

—Mira –señaló con los discos dorados el nueve de Oros.

Se acercaban las Copas y un bello carruaje en forma de gran copa cubierta de oro y piedras preciosas que irradiaba bellos colores en forma de rayos de energía en su interior. El Rey y la Reina de Copas corrieron en dirección al As de

Oros. El momento comenzaba, debían bajar la escalera y la rampa mágica para acceder a la fortaleza dorada, dirigida y organizada por la gran Reina de Oros, que contaba con la ayuda fiel y leal del Rey.

Mientras tanto, el seis de Oros pensaba que estaba harto de la vida que llevaba, siempre sirviendo a su amo y, además, mostrando a los humanos la sensación de abuso y dolor acompañada de la pérdida económica y moral. Si por él fuera, regresaría al mundo del olvido. Deseaba con todas sus fuerzas poder votar y expresarse.

Llegó el Rey, el Caballero y el siete de Oros; este último debía estar presente, pues simbolizaba el número mágico, el comodín, el de las dos posibilidades. El Rey habló:

—Queridos amigos, la Reina me ha formulado una pregunta y, antes de darle una opinión, quisiera escuchar la vuestra. Dado que el problema que se plantea para debatir dentro de muy pocas horas es de gran importancia, la pregunta es: ¿debemos proponer una votación de todos los símbolos o sólo de los arcanos de la corte?

El Caballero se expresó:

—Creo que los arcanos deben ser los únicos, porque, en estos momentos, todos los palos tienen gran descontento con el comportamiento de los humanos y me temo que una votación total supondría el retorno al mundo del olvido.

El siete de Oros, no perdió el tiempo y habló.

—Si queremos obtener un resultado favorable a la ayuda será mejor que sólo voten los arcanos de la corte, pero si queremos regresar al mundo del olvido hagamos una votación general y... –La Reina de Oros interrumpió repentinamente desde ninguna parte.

—¿Dónde está vuestra inteligencia? Tan cansados estáis. Lo importante no es lo que queremos si no lo que debemos hacer. ¿Es que habéis olvidado que somos los guardianes del conocimiento? ¿Qué ocurrirá si la humanidad olvida qué símbolos de inteligencia distinguen a un ser de otro, o qué símbolo refleja amor en lugar de odio, u honor y libertad en lugar de oscuridad y esclavitud? Estoy muy enfadada y decepcionada con vosotros, retiraos –señaló con su flor dorada, su cetro de mando hacia la puerta– dejadme sola –bajó la cabeza apesadumbrada y triste, ya que todos habían perdido la memoria. Quizá por eso los humanos obraban tan mal, habían perdido la memoria. Eso era. Claro ésa era la solución.

Capítulo 2

LA LLEGADA DEL PALO DE COPAS

El As de Oros, ayudado por el dos y el tres, bajaron la rampa mágica y la hicieron visible. La luz la hacía increíblemente hermosa. Emitía luz dorada y un sonido metálico dulce y agradable.

El bello carruaje del Rey y la Reina entraron acompañados del caballero montado en su caballo con la Sota majestuosa que portaba en su mano una copa de inigualable belleza; detrás el sequito, a la cabeza, el As de Copas, detrás el dos y el tres, más allá el cuatro y el cinco, luego el seis y el siete, y finalmente el ocho y el nueve. En el patio central les esperaban la misma Reina, acompañada de su fiel consejero la Sota de Oros.

Tras los saludos, se hicieron acompañar a los aposentos por el cuatro y el cinco de Oros. Sus aposentos estaban en la torre este. En la parte más elevada, los reyes tenían una habitación decorada en oro y cristal. La Reina de Oros había ordenado exprofeso una nueva decoración para que sus excelsos invitados se sintieran como en casa. Sabía que las Copas eran felices si había cristal. El Caballero y la Sota se alojaban en el primer piso, lo mismo que el As y el siete de Copas. El resto, en la planta de abajo, en el ala este. Los Oros siempre ocupaban el ala norte.

El Rey y la Reina de Copas, a solas en su aposento, estaban satisfechos.

Te has fijado qué belleza de muebles, mi amor –le decía la Reina al Rey– y qué colchas doradas con estas piedras preciosas incrustadas, y estos sillones de cristal rosado. Es exquisito. Se nota que nuestros amigos nos quieren mucho. Claro, que cuando estuvieron en nuestro castillo se quedaron encantados y, aunque no tienen nuestro glamour, ya sabes –su rostro sonrió mientras miraba de forma provocativa al Rey–, son los más parecidos a nosotros, no como el Castillo de las Espadas, tan austero, con aquellas armas que cubren todas las paredes. Y qué me dices del castillo de los Bastos, lleno de porcelana de todas las épocas de la humanidad y artilugios mecánicos que nunca he sabido para qué sirven.

Querida –le interrumpió el Rey algo nervioso–, ya sabes que cada uno tiene su estilo, tiene que ver con lo que sabemos hacer; no en vano nosotros sabemos amar y divertirnos como nadie. Es nuestra herencia simbólica para los humanos, aunque éstos cada día la utilizan peor.

Eso parece –respondió la Reina, y en ese momento llamaron a la puerta–. Adelante. –La gran puerta se abrió y tras ella apareció el ocho de Oros, y con una inclinación reverencial, mientras sus discos dorados tocaban el suelo, les habló.

—Majestades, el Rey y la Reina de Oros solicitan su comparecencia en el salón del conocimiento con el fin de llevar a cabo una reunión privada y discreta. El Rey y la Reina de Copas se miraron con complicidad y, ambos al unísono, contestaron: –De acuerdo, te seguimos. –Ambos se encaminaron hacia él.

El ocho ya les acompañaba y seguían en dirección al ala norte, donde se encontraba el salón del conocimiento. Llegaron a una gran puerta dorada, donde el seis de Oros hacía guardia siempre solícito a las necesidades de los Reyes. A lo lejos vio avanzar hacia él las enormes figuras gigantescas con las Copas mágicas en sus manos, y aquellos trajes tan bellos con piedras preciosas encima de una tela parecida a una especie de seda roja brillante (tanto como el oro) mostraban al Rey y la Reina de Copas acompañados del ocho, aunque, como siempre, a él no le habían informado. Se apresuró a hacer una reverencia en señal de respeto bajando sus discos.

Los estan esperando –le informó el OCHO–. Sin decir nada el SEIS de Oros movió sus discos y la gran puerta se abrió y con voz profunda les anunció. –La Reina y el Rey de Copas han llegado. –Adelante, sed bienvenidos. –Era la voz de la REINA de OROS. Estaba sentada en un trono dorado junto al Rey y frente a ellos otros dos tronos dispuestos para poder establecer una reunión de carácter íntimo. Dado que la estancia en sí misma era enorme por sus proporciones majestuosas, ambos se levantaron en señal de respeto, y el Rey y la Reina de COPAS se sentaron, las puertas se cerraron y quedaron solos en el interior de la estancia.

La Reina de Oros habló:

—Amigos. Tiempos difíciles y momentos duros, nos esperan. Como ya sabéis debemos decidir si quedarnos con los humanos o marcharnos a la Tierra del Olvido, con la misión fracasada, muy a nuestro pesar. Dado que las opiniones están muy divididas, queríamos proponeros la posibilidad de que votan tan sólo los arcanos de la corte, y la segunda cuestión, aunque no menos importante, cómo establecemos nuestra ayuda futura a los humanos si decidimos quedarnos. Nos gustaría saber cuál es vuestra posición.

El Rey de Copas contestó:

—Nosotros celebramos una asamblea antes de venir para tener clara nuestra posición, y también propusimos la posibilidad de una votación sólo por parte de los arcanos de la corte y la respuesta fue negativa. El palo de Copas quiere participar en el voto, pues sus argumentos son sólidos, están implicados y quieren poder votar y hablar.

—¡Cómo hablar! Eso nunca se ha hecho –intervino el Rey de Oros.

—Lo sé –contestó el de Copas– y queríamos proponer este cambio, pues existe un gran malestar por este hecho tradicional, no sólo en nuestro palo; según nuestras informaciones también opinan lo mismo en el resto de palos. Lo sabemos porque, como ya tenéis noticia, mantienen comunicación y amistad entre ellos y necesitan verse para aplicar bien las energías y… –interrumpido por el Rey de Oros.

—De acuerdo, nosotros investigaremos lo que decís y, de ser así, habrá que proceder a una votación general, pero eso de que hablen, no sé, quizá no sea productivo.

—Mi querido amigo –le habló la Reina de Copas–, no seas tan cerebral; hay que poner un poco de corazón; simplemente tienen derecho a ser oídos. Es mejor llegar a conclusiones entre todos. Pero lo que nos preocupa no es esto. Lo que fue una decepción fue el resultado de la votación, porque excepto nosotros dos, el resto quiere volver a la Tierra del Olvido, a excepción del As y la Sota, que estan indecisos. Así las cosas no sé cómo podremos continuar.

—El único modo es convencerlos de lo contrario –hablaba la Reina de Oros– es analizar el porqué de nuestro fracaso, y creo que tengo la respuesta.

Todos la miraban con curiosidad. Creo que he encontrado la clave. Los humanos han perdido la memoria. No recuerdan a sus antepasados como debieran, no respetan a sus mayores, a sus orígenes; lo dejamos todo tan en clave que se han cansado de intentar traducir los jeroglíficos egipcios, las tablillas sumerias, los libros de la cábala, los Vedas, el *Popol-Vhu*, los manuscritos del Qumram, la Biblia etc. Hemos utilizado un lenguaje tan difícil que han olvidado la verdad, y sin esperanza, sólo pueden destruirse.

—Si les convencemos, nos quedaremos y esta vez lo haremos mejor.

Todos sonreían. Una vez más, la inteligente Reina de Oros había encontrado la medida justa.

—De acuerdo, estoy contigo –dijo la Reina de Copas.

—Yo también –intervino el Rey de Oros.

—Y yo –contestó finalmente el Rey de Copas.

—Entonces –añadió la Reina de Oros–, preparemos nuestros discursos y esperemos la llegada de las Espadas y los Bastos. Reunámonos con los Reyes y tracemos una estrategia conjunta. Sobre la votación, dada vuestra información, yo no perdería más el tiempo. De ser una votación total, tan sólo debemos anunciarlo cuando tengamos una estrategia conjunta.

Y al unísono todos dijeron:

—Así sea, así sea, así sea.

La reunión había terminado. Se levantaron y comenzaron a marcharse y a actuar como buenos anfitriones, por lo que mostraron el castillo a sus amigos los Reyes de Copas. Pero el seis de Oros había estado escuchando atentamente. No era su costumbre, pero estaba enfadado porque se sentía infravalorado y, en ese momento, con la información obtenida, sus discos giraban a toda velocidad.

Tengo que poner mis ideas en orden –se decía a sí mismo–; tengo que saber la opinión de los otros seis, sus amigos.

Pero si revelaba la información traicionaría a sus Reyes y sería indigno. Bueno, pues no diría nada, simplemente sabría qué piensan y luego ya vería. ¡Qué pesadez saber tanto… Se alejaba por el pasillo en busca del seis de Copas. Los Reyes se habían marchado y él estaba libre; debía aprovechar.

Capítulo 3

EL PALO DE BASTOS

En la torre este, se veía a lo lejos la llegada del palo de Bastos. El As de Oros estaba inpaciente, puesto que vislumbraba la Gran Carroza de color verde esmeralda; era una esmeralda pura gigantesca. En su interior, los Reyes, con sus enormes bastones mágicos y fuertes, iban seguidos por sus huestes y, a ambos lados de la carroza, el Caballero y la Sota de Bastos. Hicieron visible el puente mágico y entraron. En el recinto central les esperaban los Reyes y las Reinas de Oros y Copas y descendieron de su bella carroza.

—Queridos amigos, sed bienvenidos. –La Reina y el Rey de Oros sonrieron– ¿Cómo ha ido el viaje? La Reina de Bastos contestó:

—Magnífico; con esta carroza tan bella y cómoda, viajar es un placer, casi parecido a volar, y, no es por decirlo, este traje de seda es tan comodo, y…

—Querida –le interrumpió el Rey de Bastos–, nuestros amigos sólo eran educados, no les des un discurso de tus posesiones y… –le miraba con cara furiosa; sus discusiones eran conocidas por todos.

–Ya me callo.

La Reina de Oros intentó mediar.

—Amigos, ahora poneos comodos. El siete y el ocho os conducirán a vuestros aposentos. Pedid cualquier cosa y os lo traeran. Estaremos por esta zona del castillo a la espera del Palo de Espadas, y, cuando estemos todos, nos gustaría reunirnos sólo con los Reyes de los cuatro palos. Os lo haremos saber.

—De acuerdo, querida, yo te lo agradezco, necesito refrescarme. No puedes evitar ser Leo; creía que el viaje había sido magnífico. –La Reina de Copas sonreía maliciosamente.

—Y tú no puedes evitar ser escorpio– le contestó sin mirarla ya subiendo las escaleras.

El Rey de Bastos, con cara de disgusto y resignación, la siguió en silencio; él era un Rey, aunque de signo Aries. Era un gran combatiente de la vida, pero no debía contrariar a su Reina en público y ya había metido la pata.

Subían por la torre sur. Era la reservada para ellos. Los Reyes llegaron a sus aposentos. Los muebles eran de caoba y roble macizo, fuertes y grandes; los ventanales, llenos de flores de colores, emitían una luz dorada; el suelo estaba cubierto de alfombras con incrustaciones de piedras preciosas y había un tocador lleno de botellas de cristal que contenían todos los olores de los perfumes del universo.

—¡Oh! Mira, esta vez se ha superado. Fíjate: es espectacular; se nota que nos aprecia, después de tantas eternidades es natural, pero...

—Me alegro de que te guste querida –interrumpio el Rey, y la Reina, visiblemente enojada, le increpó–. Estás muy desconsiderado; no dejas de interrumpirme.

—Estoy muy preocupado –le contestó, dejó su bastón encima de la cama y se sentó en ella–. ¿Qué pasará si volvemos a la Tierra del Olvido? Ya no volveremos a librar ninguna batalla que mejore al ser humano y la humanidad. Hemos hecho tantas cosas, hemos puesto la semilla en tantas mejoras sociales, creamos la confianza y la unión entre vecinos, luego los organizamos frente al opresor, claro que con la ayuda de los otros palos, pero, ¿recuerdas cuando creamos los primeros sindicatos, las reivindicaciones, la capacidad de esfuerzo y sacrificio, las construcciones de casas, la veneración de la naturaleza la madre Tierra, la defensa de las tradiciones familiares, la iniciativa en los negocios, el trabajo, los viajes, el espíritu aventurero? y… tantas cosas. ¿Qué ha pasado? ¿Qué hemos hecho mal?

—Mi querido Rey, estoy segura de que encontraremos una solución, para eso hemos venido, ten confianza. A pesar de nuestras diferencias, yo confío en nuestros amigos y reconozco que las Copas son capaces de dar sentido a lo que aparentemente no lo tiene, sobre todo la insufrible Reina. Lo he visto otras veces; si alguien sabe resurgir, es ella. No tenemos más remedio que escucharla; quizá la solución sea que la escuchen todos –contestó, también con voz preocupada.

—Pues yo confío más en la capacidad de la Reina de Oros. Ella siempre busca la medida justa, y el Rey, aunque parezca que no aporta nada, siempre piensa en todas las posibilidades, que para eso es el palo de Oros. El Rey de Copas es muy listo, pero depende mucho de su intuición, aunque la Luna estará activa y, con ello, su intuición también. Y las Espadas. La Reina es muy testaruda con sus ideas y no está de acuerdo en continuar; luego tienes al Rey de Espadas, siempre tan íntegro, tan perfecto, tan implacable, pero tampoco quiere continuar y no sé cómo podremos convencerlo –la voz del Rey era entrecortada.

—Mi Rey, tú eres el más fuerte y valiente, tú eres capaz de soportar las situaciones más arriesgadas. Encontrarás la manera de convencer a los Reyes de Espadas, que son capaces de soportar las situaciones más pesadas. Habrá algún modo de triunfar en nuestra misión y, si no es así, siempre nos queda la escisión, aunque eso tendría consecuencias sin determinar en la raza humana. –La Reina acababa de expresar su más oscuro secreto.

—Escisión. Eso no es posible. Si uno de los palos desapareciera, la humanidad no tendría posibilidad de equilibrio. Volverían a la barbarie, a aquella época prehistórica de los dinosaurios; sólo sabrían sobrevivir; sin las Espadas les faltaría la constancia para continuar. –El Rey estaba asombrado.

No me refiero a ese tipo de escisión, puesto que ya hace milenios. Recuerda que los 22 arcanos mayores estuvieron en total oscuridad hasta que volvieron a aparecer y la humanidad continuó. ¿Qué pasaría si algunos de los símbolos de Espadas decidieran quedarse y otros marcharse con nuestros Bastos? No necesariamente sería un desastre. El desastre es desaparecer completamente, porque la raza humana dejaría de serlo. Ya no tendría conciencia y nosotros tampoco.

El silencio inundaba la estancia. Rey y Reina se miraron, y, en un instante indeterminado de tiempo sin tiempo, se fundieron en un abrazo que iba más alla de todas las palabras. Era la lealtad y la fraternidad eternas.

Capítulo 4

EL PALO DE ESPADAS

El palo de Espadas se acercaba, el As de Oros estaba preparado bajo el puente mágico y lo hizo visible y la carroza de metal plateado brillaba con luz propia. Era majestuosa, grande, con aspecto fiero y bello a la vez. Ya en el patio central, los anfitriones y sus amigos, los Reyes de Copas, les esperaban.

—Sed bienvenidos, queridos amigos. Espero que el viaje no os haya resultado muy largo. —La Reina de Oros intentaba ser lo más amable posible, pues eran sus amigos más serios, que no menos queridos.

—Gracias, amiga, pero ya sabes que el viaje es siempre pesado. Venimos de muy lejos y la reunión no es precisamente para una celebración. –La Reina de Espadas iba con su espada brillante de empuñadura de piedras preciosas y sus ojos reflejaban preocupación. En cambio, el Rey de Espadas parecía contento, como aliviado, situación que no pasó desapercibida para nadie, lo que hizo que el Rey de Copas le hablara directamente.

—Amigo Rey de Espadas, tú pareces contento, ¿o me equivoco?

—Tú siempre tan intuitivo –le respondió–. Sí estoy contento porque quizá todo termine en unas horas. Estoy harto de que utilicen la justicia para crear injusticia; así, pues, que se destruyan a sí mismos; prefiero ir a la Tierra del Olvido. –Todos tuvieron la certeza de que la situación se presentaba difícil, así que la Reina de Oros se arriesgó diciendo:

—Querido amigo, tenemos novedades que quizá te harán cambiar de opinión, por eso te ruego que descanses en tus aposentos y luego nos reunamos todos los reyes, puesto que ya estamos todos, y hablemos antes de cenar.

Rey y Reina de Espadas se miraron escépticos, bajaron la cabeza en señal de asentimiento y siguieron al siete y ocho de Oros hacia el ala oeste. Llegaron a sus aposentos. Los muebles y las paredes eran de metal, como una armadura compacta, resistente, adornada con multitud de armas, y las venanas tenían unas rejas que emitían una luz plateada, al igual que las cortinas y todo lo que era de tela.

El Rey y la Reina de Espadas miraron complacidos a su alrededor.

—Es hermoso, ¿no te parece, mi Rey?

—Sí, querida, pero yo mientras la habitación sea confortable tengo suficiente. Ahora, estoy impaciente por escuchar esas novedades, porque si no son convincentes y prácticas, yo no cambiaré de opinión. La Reina de Espadas sabía que el Rey hablaba en serio, muy en serio.

Capítulo 5

LA REINA DE OROS BUSCA SOLUCIONES

Por fin, la Reina a solas con el Rey de Oros en sus aposentos pudo hablarle sin tener que medir sus palabras.

—Tenemos mucho trabajo; tienes que reunirte con el Caballero de Oros y pedirle un informe de cómo está la justicia y la injusticia en el planeta Tierra. Quiero decir: cuántas guerras y terrorismo, cuántos países en paz, las leyes, las iniciativas que se mueven para corregir todo esto. Necesito un informe real para poder discutir e informar con propiedad al Rey y a la Reina de Espadas. También un informe de los filósofos, escritores a favor y en contra de la civilización, corrientes de pensamiento progresista y destructivo. Otro informe del reparto de la riqueza y bienes del planeta y cómo se distribuye. Y, finalmente, otro estudio sobre los valores que prevalecen, los actos heroicos y los actos de amor que dominan a los humanos, sus sentimientos, su hermandad y solidaridad.

—Yo me reuniré con la Sota para saber con anterioridad cómo van las opiniones sobre el resto. Necesito información, si no, estamos perdidos. Tenemos dos horas.

—De acuerdo, me pongo en marcha; en dos horas estaré aquí de vuelta.

La Reina estaba con su fiel Sota de Oros y le dijo:

—Cuéntame qué sabes de lo que opinan.

—Mi Reina, las opiniones están muy divididas. Veamos, sobre los ases. El As de Oros y el de Copas dicen que no; en cambio, el As de Espadas y el As de Bastos dicen que si. Me llamó la atención. Yo esperaba justo lo contrario, pero parece ser que el As de Espadas quiere seguir. Dice que el ser humano lucha a pesar del infortunio y cree que hay esperanza. El As de Bastos confirma que el ser humano tiene capacidad de agruparse, que busca a la familia y alguno incluso la aventura de viajar. Todos los doses dicen que no;

coinciden en que continuar lo iniciado no es el fuerte de los humanos.

—La Reina interrumpió.

—Yo sí lo entiendo; se llama memoria, pero continúa, por favor.

—Los treses dicen que no, excepto el de Copas. Él cree en el amor y afirma que el humano, aunque no constantemente ama. Los otros más de lo mismo. Los cuatros quieren continuar; dicen que el humano busca, aunque mal, la estabilidad. Los cinco estan indecisos, afirman que irán con la mayoría. Los seis son un misterio; aún siguen reunidos y aún no tienen una conclusión. Los siete quieren continuar. Los ocho rotundamente dicen que no. Los nueve de Copas y Espadas dicen que no; los Bastos y Oros afirman que sí. Los dieces dicen que no, simplemente están hartos, frustrados. Las Sotas dicen que sí. Las Copas y Bastos dicen que sí. Las Espadas y yo decimos que no. Lo siento majestad, pero no creo que tengan remedio. Los caballeros, los Oros y las Espadas dicen que no y las Copas y los Bastos dicen que sí. Los Reyes, según mi información, los Oros, las Copas y los Bastos sí, Espadas no. Pero corre el rumor de que la Reina de Copas no descarta una escisión; ella no quiere abandonar, según dicen.

La Reina no daba crédito; finalmente habló:

—Esto quiere decir que si votáramos ahora, el resultado sería 23 a favor, 4 no sabemos, 4 neutrales y 25 en contra, pero si los seis dijeran sí, habría 27 a favor y 25 en contra y el resultado sería sí. Pero dime, mi querida Sota,¿ por qué crees en el no?

—Majestad, yo refuerzo el pensamiento a los humanos a través de Géminis y ellos todo lo tergiversan; dudan, no actúan y siguen sin ver sus fallos, no los reconocen y, puesto que es un callejón sin salida, ya no quiero sufrir más.

—Querido amigo —el tono de la Reina era suave y comprensivo—, si yo te demuestro cuál es el motivo por el que el ser humano no avanza y diera una solución para que eso no sucediera más, ¿cambiarías tu voto?

—Sí, majestad, nada me gustaría más, pero tendrá que demostrarlo. —Su voz sonaba incrédula y autoritaria a la vez.

—Lo haré —respondió—. Ahora manda llamar al seis de Oros; dile que es un asunto que requiere su presencia, eso le agradará. Últimamente, con tantos nervios, pienso que no hemos sido todo lo considerados con él como debiéramos.

—La Sota se marchó en busca del seis. Su disco giraba con rapidez, los pensamientos se agolpaban después de la reunión con la Reina; al fin y al cabo, ella era la más capacitada, si ella decía que había solución, sería verdad. Encontró al seis de Oros y se dirigió a él con todos los honores. Le comunicó con la máxima solemnidad posible, y éste le siguió solícito sintiéndose importante: ¿qué pasaría, sabría la Reina que había escuchado tras las puertas?... no no era posible, no se lo había contado a nadie. Llegó al aposento de la Reina y entró. Ella le hizo un ademán para que se sentara frente a su trono. Un gran honor.

—Majestad; a su disposición –le dijo solemnemente.

—Siento que no te hemos tratado con la consideración habitual. Últimamente, estamos muy nerviosos. Como sabrás, nos jugamos mucho. Me gustaría saber cuál es tu opinión en estos momentos.

El seis midió sus palabras y respondió:

—Mi papel con los humanos es muy difícil. Soy el altruísta, el que obliga a la reflexión acerca de los errores. Debería votar que no, pero creo que hay esperanza si enfocamos las cosas de manera distinta en un futuro. Debemos ser más sencillos con los humanos. Con nuestro lenguaje, no todos están preparados para entendernos; debemos ser más populares; quizá ser un tarot más sencillo, pero he pensado en una baraja, por ejemplo.

Serían los mismos símbolos, pero más claros, los dos lenguajes, para el que quiera tarot junto con los 22 arcanos mayores, pero para el resto usaríamos una baraja, práctica, sencilla, relacionada, emparentada con la otra. –Sus discos giraban. La Reina sonreía complacida y le habló.

—Mi querido seis, recuérdame que insonorice las puertas de palacio, por lo de oír conversaciones, pero has tenido la mejor de las ideas al buscar una solución al problema, y siempre te estaré agradecida. Ahora cuéntame si has convencido a los otros seis de tu idea.

– Majestad, yo –la Reina le hizo un gesto con la mano indicándole que no importaba su pequeña falta– sí los he convencido de que votaran que sí.

—Gracias, fiel amigo, continúa con tu labor con los otros palos; cuento contigo, será nuestro secreto. Ve, tenemos poco tiempo.

La Reina, a solas, respiraba por primera vez con un poco de tranquilidad.

Capítulo 6

EL REY Y LOS INFORMES
DEL CABALLERO DE OROS

El Rey llegó a los aposentos de la Reina de Oros. Llevaba los informes concluyentes, que eran inquietantes.

—Mi Reina, traigo los informes que pedistéis. –Su rostro serio lo delataba– Hazme un resumen –le dijo la Reina. El Rey se sentó en su trono y comenzó su explicación.

—El mundo es más injusto ahora que hace dos milenios. Aunque una parte del planeta ha logrado tener ciertas leyes, éstas dependen del dinero y la mayoría vive en total injusticia y desprotección. A pesar de que el planeta es abundante por sí mismo, la distribución de la riqueza es tan desproporcionada que el hambre se halla incluso en los llamados países civilizados. Una minoría controla los recursos naturales y, a pesar de que sus ganancias son escalofriantemente excesivas, son capaces de ver a su gente sufrir la pobreza y no hacer nada. Han convertido la guerra en un negocio de armas, e incluso la salud es otro gran negocio. Se aman y se odian a la vez, las alianzas no dependen de los sentimientos y las lealtades y se traicionan tanto que pocos conservan principios, porque el sistema no garantiza que tener principios te proteja. La filosofía se ha sustituido por una cultura de necesidades consumistas y el conocimiento es tergiversado por los medios de comunicación de masas, y cada vez que se produce una crisis siempre es de carácter financiero, ya que el ser humano tiene una crisis permanente de valores e identidad que ya no es motivo de preocupación. Por no hablar de mentes enfermas contaminadas por este tipo de vida que se desahogan haciendo daño a sus semejantes. Las leyes son insuficientes y todo resulta ser un absoluto desastre.

La Reina muy preocupada preguntó:

—No hay ningún reducto en el planeta o grupo que intente cambiar las cosas y ayudar a los desfavorecidos.

El Rey respondió:

—Sí, claro, hay asociaciones, iniciativas e incluso voluntarios para ayudar a los desfavorecidos, pero son los que apenas tienen medios y, aunque logran paliar algo las atrocidades, son una minoría. También hay mentes que buscan transmitir el valor del ser humano. Incluso hay una corriente espiritual que busca respuestas a la esencia del ser humano e intenta transmitir el verdadero conocimiento sin escudarse en las religiones. Escriben libros que llaman de autoayuda y buscan terapias alternativas de energía para liberarse de la contaminación que les invade, pero siguen siendo una minoría.

—Bien, concentrémonos en esa minoría. Dime, mi Rey, ¿en qué basan esa búsqueda? ¿Es acaso en las civilizaciones antiguas, quizá en la ciencia?

El Rey respondió:

—Son ambas a la vez, quizá unos más en los antiguos sabios y otros a través del conocimiento científico.

La Reina sonreía.

—Lo ves, mi Rey, ésa es la respuesta. Han perdido la memoria de quién son; tan sólo debemos buscar la forma de hacerles recordar, entonces, serán mayoría y el equilibrio volverá.

El Rey, asombrado por la respuesta de la Reina, dejó los informes encima del tocador y añadió:

—Eres muy optimista. No es propio de ti, quizá debieras ver las cifras de muertos a diario por el hambre y la guerra. Es desolador, yo no estoy seguro de que podamos ayudarlos, han llegado demasiado lejos.

La Reina se levantó de su sillón y, con un gesto poco usual, puso su cetro sobre la cabeza del Rey.

—No olvides nuestro poder de transmutación y cambio. ¿Para qué nos sirve si no lo utilizamos? Todavía nos quedan aquellos que se rebelan contra su aniquilación. Es ahora cuando debemos actuar.

—De acuerdo. Es sólo que no sé cómo hacerlo, porque no podemos trabajar como hasta ahora. Tenemos que cambiar, pero, ¿qué? –El Rey estaba desolado.

—Mi querido Rey, hasta ahora dejamos el conocimiento en manos de unos pocos, con su promesa solemne de que transmitirían el auténtico conocimiento a medida que la humanidad estuviera preparada, pero el resultado ha sido nefasto, el principal cambio debe ser justo lo contrario, la mayoría debe recuperar la memoria de la humanidad, debe saber, para rebelarse a la manipulación de la minoría, debemos estar presentes, de forma sencilla y clara, para que todos puedan entendernos y, al hacerlo, sabrán actuar correctamente.

—Quieres decir que aquellos que no saben ni leer ni escribir también deben recordar su origen y comprender, e incluso cambiar su destino. –Su rostro se iluminaba por momentos–. Creo que tienes razón, eso sería… un cambio.

El Rey y la Reina se miraron con la complicidad de muchas eternidades. En aquel momento llamaron a la puerta; la Reina contestó:

—Adelante.

Era el seis de Oros. Sonriente y satisfecho, inclinó sus discos hasta el suelo en señal de reverencia.

—Majestades, traigo novedades. –La Reina le indicó con el cetro que hablara– Mi Reina he seguido sus instrucciones y los seis votarán sí con respecto a continuar y cada uno de ellos ha prometido explicar la idea de la que hablamos de estar presentes en la vida de los humanos sin excepción ninguna, apareciendo con un lenguaje sencillo que hasta los niños puedan entender. Creo que resultará; al menos ahora tenemos una posibilidad.

—Bien hecho. Por ahora sigue explicando la idea, pronto convocaremos la asamblea y todo se solucionará, pero gracias por tu lealtad. Puedes retirarte. –La Reina le indicó que se marchara.

El Rey de Oros comprendió al instante que su Reina, como siempre, iba unos pasos por delante.

Capítulo 7

LA ASAMBLEA GENERAL
ESTABA REUNIDA

Estaban dispuestos a modo de rectángulo, cuya cabecera estaba constituida por los Reyes a la derecha y las Reinas a la izquierda. Sobre los Reyes, el símbolo del Sol presidía la ceremonia; sobre las Reinas la Luna.

Frente a los Reyes, a modo de dos hileras, presidían, por orden, primero los Caballeros de Oros y Bastos, les precedían las Sotas, los dieces, los nueves y los ochos y detrás el As de Oros y As de Bastos, con los doses, los treses, los quatros y los cincos.

Frente a las Reinas, y a modo de dos hileras, presidían, por orden, primero los Caballeros de Copas y Espadas; les precedían las Sotas, los dieces, los nueves y los ochos y detrás el As de cospas y el As de Espadas, con los doses, los treses, los quatros y los cincos.

Los cuatros y los seises cerraban el rectángulo guardando el Templo de Sabiduría. Sobre ellos, dos símbolos presidían, la estrella de seis puntas y el fruto de la vid.

La Reina de Oros, en un acto solemne, se levantó y extendió su cetro y su mano hacia el universo y pronunció las palabras sagradas que indicaban que el gran momento comenzaba:

—Yo, la Reina de Oros, elegida por la eternidad de los siglos para la glorificación de la inteligencia de la raza humana, por los poderes que me han sido conferidos, declaro abierta esta asamblea sagrada, de la que saldrá, de forma justa y libre, el futuro de los símbolos y la humanidad durante los próximos 2.000 años. Que así sea.

—Que así sea– respondieron todos al unísono.

—Queridos hermanos y hermanas, lo que nos une hoy aquí, nadie puede deshacerlo, porque es sagrado. Hoy debemos escoger nuestro futuro y el de los humanos. Sabemos lo que hemos conseguido hasta ahora, un desastre, según vemos en el informe que nos han entregado. La Reina levantó los papeles con sus manos y continuó hablando con voz apesadumbrada– Las cifras son terribles; cada 4 segundos muere un niño de hambre, en un planeta donde hay comida de sobra para todos. Se utilizan medios para destruir en lugar de construir y lo peor es que casi nadie se queja. Ya no hay lugares de justicia. Ésta depende de que tengas suficiente dinero para encontrar quién te defienda. No es suficiente con hacer bien las cosas para que te salgan correctamente. Eso casi no significa nada. Es una humanidad perversa, contaminada, pero todavía hay esperanza. Si la hay, la tienen aquellos que recuerdan sus orígenes, de dónde vienen, lo que son capaces de hacer, aquellos que todavía buscan cómo ayudarse a cambio de nada. Nosotros cometimos el error de depositar el conocimiento en manos de unos pocos, y éstos, en contra de su juramento, lo guardaron para ellos, para sus fines. Lo tergiversaron y crearon este caos de terror e injusticia. Debemos hacerles recordar, que no olviden sus orígenes, lo que son capaces de hacer con la fuerza de su alma, su pensamiento. Debemos recordarles que pueden escoger, que pueden decir no, que pueden…

El ocho de Espadas tenía levantada su espada en señal de interrupción. Nunca nadie recordaba nada semejante, interrumpir a la propia Reina de Oros.

—¿Tan urgentes son tus palabras, ocho de Espadas? Habla, pues, o calla para siempre.– Le espetó la Reina de Oros.

—Majestad, debo interrumpir. Para hacer honor a la verdad, lo cierto es que, en la humanidad actual, muchos tienen acceso al conocimiento, pero simplemente lo ignoran, porque no creen en su propio poder; de hecho, ni lo advierten. Nosotros, las Espadas, hemos intentado todo para hacerles recordar, pero ellos, incluso sabiendo no actúan. Yo no veo ninguna solución. –Un murmullo inundaba la estancia.

La Reina tomó la palabra.

—Creo que tu parecer es el mismo que el de algunos de los presentes, pero lo que yo quiero decir es que debemos aparecer en todas las mentes, incluso en aquellas que no tengan cultura y refinamiento, que debemos surgir en los orígenes de los tiempos como antaño, que hemos confiado demasiado en el conocimiento y éste, a su vez, es dirigido, impidiendo pensar por sí mismos a la mayoría. Es evidente que nuestras tácticas deben ser otras. Pero para ser efectivos debemos estar todos unidos. Podemos surgir en el pensamiento de los seres de África a través de sus enseres rudimentarios, en Asia a través de sus ropajes, en Europa mediante su contaminada cultura y en América por medio de sus mentes más brillantes, pero, sobre todo, debemos estar presentes en las casas, donde las madres intentan educar a sus hijos; en las calles, donde el orden debe ser respetado; en los trabajos, donde el esfuerzo debe ser recompensado, y en los inventos, donde el genio debe ser imitado. Donde estén los niños, aprender que la risa es más fácil que el llanto, que el débil debe pedir ayuda al más fuerte y éste debe ayudar y recibir reconocimiento por sus actos, y el sabio surgirá de entre todos para guiarlos y, en ese instante, el alma saldrá triunfante para mejorar el mundo y dejar un mejor legado, pero no lo lograremos si no les recordamos el origen de su esencia, de lo que pueden lograr creando, anulando el verbo destruir, recordándoles los diez principios sagrados.

Los 10 principios

- No matarás a ningún ser vivo semejante a ti bajo ningún concepto.

- Cuando mates a un ser vivo no semejante a ti para formar parte de la rueda de la vida (alimentos) hazlo con respeto y da las gracias por su amor y sacrificio para tu existencia, pues él muere para que tú puedas vivir (sé digno).

- No destruirás con palabras a ningún semejante, sobre todo en su ausencia, cuando no pueda defenderse (sé valiente). No obres como un cobarde.

- No calles la falta de otro, porque no es la tuya; cuando hay una injusticia todos perdemos.

- Busca a aquel que pueda arreglar el problema, no malgastes tu fuerza y energía protestando como un cobarde.

- Una vez hayas encontrado al que puede cambiar lo que está mal, retírate y respétale. No es a ti a quien tiene que rendir cuentas, sino a sí mismo.

- Si no estás satisfecho con lo que tienes, busca lo que vaya a hacerte feliz y luego ve a por ello. No te lamentes de que no lo tienes como un cobarde. –No pierdas tiempo y ve a por ello.

- Si aquello que deseabas, después de tu máximo esfuerzo no es tuyo, no lo dudes, es que no es para ti; debes seguir buscando un objetivo nuevo, ya que equivocarse formaba parte del camino.

- Si deseas compartir con otro semejante ese espacio complejo que es la vida, recuerda que sólo tienes que desearlo y aparecerá.

- Todo cuanto deseas con el alma aparecerá en tu camino; sólo debes proyectarlo y no dudarlo y será tuyo.

La Reina sintió que su énfasis hacía mella en los presentes, pero surgió una voz entre todas, la de alguien con máxima autoridad. Era el Rey de Espadas.

—Querida Reina de Oros, hermanos y hermanas presentes, hemos compartido algo más que sueños, hemos contribuido a realidades futuras y qué hemos logrado. Un desastre. Somos tan orgullosos que todavía podemos creer en nuestra contribución a los humanos. ¿No sería mucho más sensato retirarnos al reino del olvido? He dicho.

—Pido la palabra –dijo la Reina de Copas–. Hermanos, hermanas, hemos compartido el fracaso y también el avance, la caída y el levantamiento. Sí es verdad, no lo hemos hecho demasiado bien, pero tampoco ha sido tan catastrófico. Hemos contribuido al despertar de muchas conciencias que ya no habitan en la Tierra y hemos ganado algunas batallas, las suficientes como para tener esperanzas, al menos ésa es mi opinión. En realidad debemos ayudarles a recordar de lo que son capaces, pero en bueno y en vano, también les enseñaría las 10 leyes de la destrucción.

- El que destruye siente un escaso placer de poder.

- Una vez has destruido, necesitarás el doble de destrucción que antes para sentir lo mismo.

- Cada vez que destruyes, pierdes la sensación de belleza y optimismo. Al final sólo queda la desproporción y la amargura.

- Tus sentidos son tus grandes señales de vida. Una vez están cerrados, tan sólo vives con la muerte.

- Sólo vislumbrarás de nuevo la vida si buscas esclavos que se crean adeptos.

- Sólo podrás estar de nuevo cerca de la luz cuando ya seas total oscuridad.

- No podrás compartir con nadie ese nuevo reino de tinieblas, aunque tengas la ilusión de que muchos te envidian.

- Oirás voces de futuros esclavos de la muerte en vida que pedirán tu ayuda poderosa para dominar, pero cada vez que les ayudes a conseguir sus fines, más lejos estarás tú del camino de regreso al hogar de la calma.

- No podrás descansar ni un segundo en tu nueva existencia, tan sólo desambular entre las tinieblas haciéndote cada vez más daño esperando sentir algo.

- Está escrito que el día que quieras cambiar sólo podrás hacerlo a través del dolor y éste será cada vez menor en la medida en que te arrepientas.

Sólo si el humano conoce la verdad en toda su extensión podrá escoger la vida en lugar de la muerte en vida.

—El As de Bastos pide la palabra.

Sea concedida asintió con la mano la Reina de Oros.

—Yo represento el comienzo, el espíritu de la fuerza interna, la fe inquebrantable sobre el camino de espinas, y he visto a muchos humanos levantarse sobre los precipicios, subir las montañas más difíciles para sentir que simplemente «podían hacerlo» y ese espíritu debe prevalecer. Hoy he comprendido que no di el mismo valor a todos los seres humanos. A muchos de ellos los ignoré. Decidí que no estaban preparados. Si tengo otra oportunidad, no decidiré nada, dejaré que ellos mismos sean sus dueños.

Durante largas horas, cada uno de los asistentes fue expresando su deseo de conceder otra oportunidad. Todos estaban convencidos de que podían quedarse, todos excepto el Rey y la Reina de Espadas

El Rey de Espadas habló:

—Por el poder que me ha sido conferido, manifiesto que he perdido la confianza en el ser humano. Han creado un mundo sin justicia, sin honor, donde todo es válido. No importa a quién haya que pisar para conseguir sus propósitos. Todo vale y es aplaudido para el que se sale con la suya. El poder y el dinero son los que valen, la justicia tiene precio. Yo no creo en el ser humano. Quiero regresar a la Tierra del Olvido. He dicho.

La Reina de Espadas habló:

—Por el poder que me ha sido conferido, expongo que los humanos me han decepcionado tanto que no quiero apostar por ellos. Tendría que conocer a un grupo de seres humanos dispuestos a cambiar este mundo indigno que han creado. Así yo también deseo regresar a la Tierra del Olvido. He dicho.

La Reina de Copas pidió la palabra.

—Queridos hermanos y hermanas, he escuchado al Rey y la Reina de Espadas con mucha tristeza y comprensión hacia ellos y tengo una propuesta que hacerles si la asamblea me apoya. Faltan seis horas para el eclipse total. Yo propongo encontrar doce seres humanos que bajo los auspicios de los doce signos del zodíaco quieran mejorar el mundo y traerlos a la asamblea. Si somos capaces de encontrarlos, el Rey y la Reina de Espadas accederán a quedarse; de lo contrario, probablemente hasta yo querré regresar a la Tierra del Olvido.

La Reina de Oros pidió la palabra.

—Hermanos y hermanas, es justo y necesario votar la petición de la Reina de Copas. Hermana Sota de Bastos, proceda al recuento a mano alzada.

La Sota de Bastos golpeó tres veces su bastón en el suelo y, con voz profunda, pregonó:

—Arcanos de la Corte, a favor, en contra, abstenciones. –La Sota de Copas apuntaba y, en pocos segundos, le confió en voz baja a la Sota de Bastos el resultado– Todos los arcanos de la corte a favor, los ases, a favor, en contra, abstenciones. Así todos fueron votando. El recuento fue unánime. Todos sin excepción estaban de acuerdo.

La Reina de Oros levantó su cetro y dijo en voz alta:

—En pie, hermanas y hermanos, la asamblea ha terminado. Vayamos a la sala del conocimiento para distribuirnos el trabajo. Hay mucho que hacer. Declaro la asamblea concluida.

Primero salieron los Reyes y las Reinas, luego los Caballeros, las Sotas y después, por orden del diez, nueve, ocho, siete, seis, cinco, cuatro, tres, dos y del uno de cada palo, y todos se dirigieron al salón del conocimiento.

Capítulo 8

EL SALÓN DEL CONOCIMIENTO

Todos cabían cómodamente y todos sabían que encontrar a un representante de cada signo del zodíaco no era fácil en tan poco tiempo, pero ellos tenían el poder del símbolo y no les resultaba imposible, excepto para el Rey y la Reina de Espadas, que creían que era una tarea inútil e infructuosa.

—Bien, debemos encontrar seis hombres y seis mujeres notables a favor de la paz y la justicia, pero de los de verdad, y traerlos aquí bajo la promesa de que no revelarán nuestro encuentro, a no ser que sea necesario para el bien de la humanidad. Cada palo tiene que trabajar. Los Bastos deben encontrar: Aries hombre, Leo mujer, Sagitario hombre. Las Espadas: Capricornio mujer, Tauro hombre, Virgo mujer. Las Copas: Cáncer mujer, Escorpión hombre, Piscis mujer. Los Oros Libra hombre, Acuario mujer, Géminis hombre. Ésta es la tarea, cómo lo hagáis es cosa vuestra —así se explicó el As de Copas.

El silencio reinó en el salón y las energías de los símbolos se agruparon por palos y comenzaron a trabajar.

El palo de Bastos. En busca del hombre Aries, la mujer Leo y el hombre Sagitario

Se llamaba Javier y era un Aries. Su vida no había sido fácil. Era empresario y tenia 25 trabajadores a su cargo. De la nada había creado una pequeña fábrica de chocolate y tenía muchos planes y proyectos, a pesar de que su mejor amigo le había engañado con el dinero y prácticamente tuvo que volver a empezar. Su familia no creía en él, pero lo llevaba con resignación, porque él creía en sí mismo. Su esposa le había abandonado porque tras el nacimiento de su muy querida hija, le dijo que necesitaba alejarse de él, pensar en el futuro, pues no estaba segura de lo que sentía. Javier estaba emocionalmente solo, pero era un hombre íntegro y luchador, que esperaba que los demás aprendieran de sus errores. Crcía que era un problema de falta de conciencia, pero que él no podía parase por los demás, debía seguir hacia adelante, aunque a veces se sentía muy cansado, y ya no le era tan fácil estar alegre como antes, excepto cuando veía la cara de su hija… inocente, pura… Cuántos sueños… pero él quería seguir adelante; el mundo podía ser un lugar mejor para gente sin esperanza. Quería que sus trabajadores vivieran bien, que pudieran tener una guardería en la empresa para estar cerca de sus hijos y quién sabe, quizá con el tiempo ayudarles con unos préstamos razonables para que pudieran comprarse una casa, pero no una casa cualquiera, porque si él las mandara construir serían a precio de coste, y entonces todo sería mucho más barato. Además si trabajaba bien su chocolate, y era de los pocos que no tenían aditivos químicos, triunfaría y constituiría otra fábrica en otro sitio y tendría más trabajadores… y bueno y…

De repente, se escuchó un gran estruendo y allí mismo, en su pequeño despacho, Javier, un hombre de 35 años alto y bien parecido, con un cabello amarillo ceniza muy espeso y unas cejas pobladas con su mirada penetrante y su sonrisa perfecta, lejos de asustarse, se levantó saltando por encima de la mesa de su despacho y se dirigió hacia el estruendo, en el pasillo que comunicaba con la planta inferior, donde estaba su fábrica y entonces lo vio... Allí estaba un pergamino, abierto, en el suelo. Lo agarró y se lo llevó al despacho, cerró la puerta y lo puso encima de su mesa.

El pergamino decía «*Has sido elegido para defender a la humanidad con otras once personas, para evitar que en menos de 5 horas se destruya el mundo como tú lo conoces. Debes ir al lugar más alto de tu ciudad lo más pronto posible para poder llevarte al reino de los símbolos; si decides no venir, rompe el pergamino de forma inmediata y buscaremos un candidato más valiente*».

Javier lo leyó varias veces examinó el pergamino. Parecía auténtico. Su primer impulso fue pensar que era una broma, pero su instinto le decía que no lo rompiera.

De acuerdo voy a la montaña rasa; es la más cercana y, aunque no es la mas alta, lo es de esta zona. Veremos a cuántos nos han enredado, o quizá no... –Guardó el pergamino y se fue hacia su coche un 4x4 más viejo de lo que Javier quisiera, no sin antes decirle a su encargado que le había surgido un asunto y que se verían el lunes. Era viernes.

Se llamaba Lola, una Leo con todas las de la ley. Una mujer de mediana edad, aunque nadie sabía a ciencia cierta dónde estaban sus cuarenta y tantos. Era hermosa, con esa belleza fresca y clara. Su cabello negro abundante y su mirada cálida contrastaban con su boca carnosa y hechicera. Lola era seductora aún sin proponérselo. Tenía fama de dura, pero, en realidad, pocos sabían su verdad y su secreto. Tenía más de 30 niños del Tercer Mundo apadrinados y hacía obras de caridad a gente que tenía problemas sin que ellos supieran su existencia. Lola creía que el mundo era injusto y que a algunos les tocaba sufrir demasiado. Ella había sufrido, ya que su marido y su hijo de 6 años habían muerto en un accidente… De eso hacía mucho tiempo. Lola se dedicó a trabajar duro; era una abogada feminista temible en los juzgados, aireaba las injusticias y ridiculizaba la mala praxis de la ley. Conocía las carencias del sistema, pero había que luchar porque muchas personas sufrían y había que hacer algo antes de que fuera tarde y el mundo explotara en pedazos… En medio de sus pensamientos, se oyó un estruendo tras su espalda en el salón de su casa. Lola se asustó, creyó que había explotado algo y entonces lo vio, allí en el suelo abierto, brillando como el oro. Era el pergamino; lo tomó con mucho cuidado y lo leyó al menos 20 veces, lo enrolló, agarró su enorme bolso y, con la convicción de que por fin alguien o algo se había dado cuenta de que los abusos debían tener un final y sin pensarlo, arrancó su automóvil en dirección a la montaña de Montserrat.

Santi era un Sagitario envidiado por muchos. Era atleta, joven, tenía 25 años y era bien parecido, aunque era ligeramente calvo, pero era musculoso, atractivo y rebosante de vitalidad. Pocos conocían su sufrimiento. Cuando era niño, superó una leucemia. Nadie hubiera apostado por él, excepto él mismo. Sus enormes ojos azules le daban una fuerza singular en el rostro, su nariz recta y proporcionada, sus labios perfectamente dibujados… Le habían propuesto que realizara spots publicitarios, incluso un productor de cine, pero él sabía que a cambio pedían la exclavitud de su persona y él no estaba en venta, él quería recorrer el mundo, conocer otras culturas, escribir, fotografiar y luego explicar al mundo occidental la realidad. No podemos ser tan egoístas y no repartir nada con los defavorecidos. Soñaba con ser una voz que se oyera, que pudiera potenciar cambios y mejoras para el ser humano. Creía en un mundo mejor. Mientras pensaba todo esto corría por la calle de su ciudad en una zona absurda que habían convertido en carril de bicicletas, que apenas pasaban por allí pues fácilmente podían atropellar a un peatón, o peor, cada 40 metros, debían pararse en el semáforo para no ser atropellados por un grupo de coches si antes no se había muerto asfixiado por los tubos de escape. Él mismo corría con la boca protegida; la verdad es que, tras esa publicidad del carril de bicicletas, habían creado un negocio de alquiler de estos vehículos para que picara el turista que no conocía la ciudad, quien se encontraba con todos los inconvenientes, pero habían quedado muy elegantes. Su querida ciudad de Barcelona agresiva, cara e incómoda y con muchas personas mayores con unas bajas pensiones, que buscaban comida caducada en los cubos de basura de los supermercados para poder comer. ¡Qué vergüenza! sólo les interesaba hacer negocio, no les importaba la gente. Santi estaba imbuido en sus pensamientos sociales, cuando oyó un enorme estruendo parecido a un rayo, y allí estaba, a sus pies, el pergamino. Lo leyó y se fue corriendo hacia la montaña.

El palo de Espadas en busca de la mujer Capricornio

El hombre Tauro y la mujer Virgo

Frances estaba en su cómoda casa de París, rodeada de sus libros y sus recuerdos. Pensaba en George, el hombre con el que había compartido su vida. Había muerto víctima de un atentado terrorista, aunque no estaba claro el bando que había dado la orden. Eso era lo que a Frances le indignaba, pues George había sido un gran periodista y molestaba; se convirtió en la voz de los ignorados, de aquellos que eran simplemente un punto en un mapa de un país perdido.

Ella lo había apoyado y acompañado siempre, y ahora, a sus 50 años, aunque sola, pensaba seguir luchando, aunque de una forma aparentemente más silenciosa. Ella escribía la verdad con la esperanza de que las conciencias despertaran y las hordas bárbaras que gobernaban el mundo en nombre de una falsa civilización fueran destronadas. Sí, se consideraba una mujer guerrera como las antepasadas cátaras o las mujeres que luchaban día a día por dar de comer a sus hijos en un mundo mal repartido y cruel. Sí, ella seguiría diciendo la verdad y algún día el mundo cambiaría. Y entonces oyó un ruido agudo y extraño, primero pensó que habían tirado algún tipo de proyectil que pudiera acabar con su vida, pero no había fuego, sólo... Entonces lo vio en el suelo de la entrada en su salón. Leyó el pergamino y se fue hacia la zona más alta de París que se le ocurrió (el sacre coeur). Una mujer Capricornio no podía perder la esperanza; a lo mejor era cierto y quizá por fin se podría cambiar el mundo.

Pol hablaba por teléfono en su despacho de Londres con un colega también abogado, Lucas, un italiano muy simpático y buena gente, pero con unos encargos muy extraños. Él era un hombre que se había ganado su reputación como eficiente y honrado después de rechazar mucho dinero sobre casos muy controvertidos, algunos políticos y otros claramente fraudulentos, y allí estaba diciéndole a Lucas que no sobre defender a un familiar de un capo siciliano, al que éste apoyaba esgrimiendo su inocencia y apelando a que su único delito era su parentesco. Pol no tenía la misma información, y aunque sabía que rechazar ese caso le podría complicar la vida, sobre todo la laboral, su decisión era implacable. No aceptaba el caso y no había nada más que hablar.

Colgó el teléfono apesadumbrado; quizá debía dedicarse a otra cosa, a vivir tranquilo, por ejemplo, tener una familia, hijos. A sus 47 años todavía podría... pero no se veía a sí mismo renunciando a la verdad. Para él, la ley era la herramienta de la verdad y sólo unos pocos eran valientes para llevarla hasta sus últimas consecuencias. Por eso, él no tenía familia, así no podían presionarle... Pero este mundo estaba tan necesitado de justicia que se sentía muy solo... y una de sus espadas de colección cayó de lo más alto de la estancia. Perplejo fue a ver qué estropicio había causado y entonces lo vio junto a la espada. Después de leer el pergamino, se marchó corriendo y llegó a la calle y, después de parar un taxi pidió algo extraño: «Lléveme a la zona más alta de Londres». Era un Tauro muy directo.

Katia era una ucraniana orgullosa de sus orígenes. Se lamentaba de la miseria que su gente tenía que vivir debido a las mafias emergentes tras la caída del muro y la desmembración de la Unión Soviética. Tampoco era cierto que hubieran ganado libertades; bueno sí, podían andar por la calle tranquilamente sin temor a que los pararan. En realidad, si la gente moría de hambre en una acera ya no le importaba a nadie. Ella había estudiado en la universidad y se había licenciado en biomecánica soñaba con hacer la vida más fácil a los amputados, inválidos y todos aquellos que necesitaban mejorar su calidad de vida porque su cuerpo no estaba bien; muchos de ellos eran víctimas de guerras inútiles o de enfermedades de origen dirigido a enfermar, en lugar de origen desconocido. Katia no era tonta, pero no tenía poder para ayudar. En estos momentos ya no tenía ni trabajo, y con sus padres mayores no podía perder mucho el tiempo. Debía encontrar un trabajo pronto, o no sabía qué tendría que hacer para sobrevivir. Era una mujer bella de 30 años; podía intentar casarse con un extranjero rico, pero ella tenía dignidad y no estaba en venta; estaba furiosa con este mundo que le había tocado vivir. Quizá un milagro, algo, una señal para saber qué tenía que hacer, y se sentó cabizbaja en un parque de Kerson su ciudad natal, y entonces lo vio. El pergamino apareció de repente a sus pies. Después de leerlo se marchó corriendo en busca de la montaña más alta. Era una mujer esbelta y estaba en forma. Las Virgo rinden culto a la armonía de su cuerpo, y corría y corría y allí donde a nadie le importaba nadie, ninguno la vio.

El palo de Oros va en busca del hombre Libra, la mujer Acuario y el hombre Géminis

Jimmy era un americano muy patriota, convencido de que su país era el más poderoso del mundo y decepcionado porque veía que no utilizaban bien su enorme poder. Él era un hombre de casi 60 años, que había vivido mucho y, como senador de Estados Unidos por la ciudad de Dallas, se enfrentaba a diario a demasiadas cosas que no le gustaban. Hubiera querido tener un equipo de gente joven, entusiasta y competente que le ayudara a erradicar la pobreza en el mismo Estados Unidos, pero simplemente nunca había nadie dispuesto a tan loable labor, porque no daba dinero, excepto, claro está las asociaciones de ayuda a los más desfavorecidos. Allí había empezado su amistad con Juana, una hispana de ascendencia mexicana, que ya era estadounidense desde hacía más de 20 años y que se preocupaba por los emigrantes y los desfavorecidos. Él era un Libra de buen ver y trajes caros, y ella una Acuario que vestía según el Sol y el estado de ánimo. Jimmy aprendió a no ser tan presumido. Eso le distanciaba de los pobres, a los que Juana ayudaba con mano firme y soluciones imposibles. Ella le hacía sentir ridículo cada vez que él se presentaba con su vehículo oficial y sus trajes caros; por ello, se acostumbró a vestir cómodamente y a aparecer eludiendo a la escolta mientras le traía una taza de chocolate caliente con canela del Starbucs Coffe. Así la hizo sonreír. La primera vez que el apareció fue el inicio de una amistad que se colmaría de largas conversaciones de cómo cambiar el mundo y mejorar las cosas. Juana era viuda y él divorciado. Podría haber algo más entre ellos, pero él se reconocía indeciso y acaso un cobarde. Allí, en el interior de su vehículo a punto de arrancarlo para ir a ver a Juana a la sede de los pobres del distrito IV de Dallas, escuchó un poderoso ruido en el interior de su vehículo y en el asiento estaba el pergamino. Lo leyó y no se lo pensó dos veces. Arrancó a toda prisa en busca de Juana; debían ir juntos, si no era así, él no iría. Llegó, y en la puerta Juana lo esperaba; estaba resplandeciente, y, con su sonrisa especial, cuando ponía aquella cara del otro mundo le dijo:

—Te estaba esperando, tú también lo has recibido, ¿verdad? Ella también tenía el pergamino.

Tom era un afroamericano que había sido educado de forma rígida, pero con la esperanza familiar de que llegara a ser alguien. Estudió en

Harvard y se licenció en económicas. Debía ser, como poco, un rico banquero, pero quería repartir el dinero mucho mejor de lo que lo hacía la sociedad en la que vivía a sus 28 años. Le habían ofrecido un puesto de confianza en una multinacional del ramo del automóvil, y aunque tenía que irse a vivir a Detroit y alejarse de su familia, y a él ese trabajo le importaba un rábano, todos estaban contentos menos él. Su cabeza era una máquina pensante, y se planteaba todas las posibilidades una y otra vez, y siempre llegaba a la misma conclusión.

—Debí ser arqueólogo, es lo que yo quería. Al menos entre las piedras de las antiguas civilizaciones no tendría que enfrentarme a ninguna polémica absurda. El dinero es absurdo si no lo utilizas bien, y un único beneficiario no era una demostración positiva del dichoso dinero.

Pero ¿cómo le hacía comprender a su familia todo lo que él pensaba? Se habían sacrificado mucho para que él, un afroamericano, llegara donde estaba. No podía defraudarlos, pero daría cualquier cosa por poder tener la oportunidad de hacer algo bueno de verdad, cualquier cosa, y allí estaba el pergamino frente a él, en el suelo de la habitación que conservaba en casa de sus padres. Ésa era su señal. Se marchó y nadie lo detuvo, sólo le vieron sonreír con un papel en la mano, y les dijo:

—Me voy a salvar el mundo.

Ésa era una de las caras de Géminis.

Cómo el palo de Copas va en busca de la mujer Cáncer, el hombre Escorpión y la mujer Piscis

Eva era una italiana de Milán, una autoridad en el mundo de la alta cocina. Su fama recorría el mundo; sus famosas recetas por televisión, y sus libros eran objeto de cualquier polémica, pero nadie podía negar su gran ingenio y dominio del sabor y la salud, porque Eva, como buena Cáncer, cuidaba de la salud y el bienestar a través de la comida. Mujer hermosa, exuberante, fuerte, pero de mirada frágil, podía fulminar en un instante al patoso pinche que acababa de demostrar que no amaba su trabajo. Se podía trabajar para ella, pero pocos duraban lo suficiente. Era amada por su esposo e hijos, pero Eva ya no era la misma. Sus hijos habían crecido y su esposo no era un luchador, más bien un vividor, y ella estaba cansada de ser la madre nodriza de todos.

Tenía 40 años y quería que desapareciera el hambre en el mundo; nadie la había apoyado con sus inversiones en alimentos ricos en proteínas y vitaminas para el tercer mundo, elaborados de forma que pudieran ser comestibles y económicos. Sus programas de cultivo en África para la repoblación de tierras, liderados por mujeres y apoyadas por Eva, eran muy elogiados, pero apenas daban nada; todo dependía de ella, al igual que sus restaurantes, repartidos por todo el mundo civilizado, porque eso sí, Eva tenía claro que los ricos debían alimentar a los pobres.

Pero estaba harta, cansada y furiosa, quería una señal para continuar con su labor. Algún milagro debería ocurrir, e imploraba al cielo en la terraza de su magnífica casa de Milán, y allí mismo, una luz que surgía del cielo le trajo a sus manos el pergamino. El resto se lo pueden imaginar. Se dirigió a su automóvil camino de la montaña, si no la más alta, sí la más cercana. La iban a encontrar igualmente, ¿no?... Eva era así, nunca cumplía todas las órdenes precisamente.

Abdalah era un médico egipcio, y aunque musulman, sobre todo, creía en las personas buenas. No entendía de política, él sólo entendía de personas oprimidas en las zonas de guerra. Estudió en Estados Unidos y luego se marchó porque simplemente sintió que allí no le querían. De origen egipcio, tampoco se sintió muy bien tratado. Al principio desconfiaban de él, hasta que fue voluntario a un hospital de Palestina en la franja de Gaza. Entonces se ganó el respeto de los suyos. Lo que ellos no sabían es que también había salvado la vida a un soldado israelí que había escapado de las manos de un comando terrorista palestino. Le curó, lo escondió y le ayudó a regresar a Jerusalén y es que los seres humanos están por encima de los conflictos absurdos. Pensar así era ser pacifista, pero es que lo era, además de un gran cirujano. Apenas tenía 30 años y ya había visto morir a demasiados, por nada. Él creía en la paz en Oriente Medio y no entendía cómo las grandes fortunas del petróleo no contribuían a ello y todavía entendía menos cómo nadie protestaba ante lo evidente.

A pesar de todo, él se consideraba afortunado porque estaba vivo y le daba las gracias a Alá, pero aquel día, por primera vez en su vida, le pidió algo diferente.

Yo te pido, mi señor, un milagro, algo que me indique qué debo hacer para ayudar a éste, mi pueblo, y a todos los pueblos oprimidos que también son el mío. Ayúdame, te lo ruego, muéstrame el camino, tú Ala, el más grande.

Y entonces, frente a él, cayó del cielo el pergamino. Y Abdalah lo tuvo claro, por fin supo que en el cielo existía alguien.

Rita era una australiana libre y de buenas costumbres, es decir, hacía lo que quería sin hacer daño a nadie. Y aunque era una joven de 25 años, sabía lo que quería: aprender la ciencia de los antiguos, la ciencia del alma, los astros, el Tarot, las runas, la medicina alternativa, las hierbas, la naturopatía, la medicina, la física, por qué funciona el mundo… Lo quería todo y ya sabía mucho. En Brisbane, su ciudad natal, aprendió enfermería y luego medicina. Era una niña prodigio, pero cuando pudo se fue a vivir unos meses con los aborígenes, quería saber el origen. Ella tenía sueños premonitorios, la consideraban rara, todos, pero también era aceptada porque siempre buscaba la mejor solución a los problemas.

No necesitaba la aprobación del ser humano. Necesitaba su alma, que debía cuidarla. No estaba de acuerdo en cómo funcionaba el mundo, pero esperaba que algún guardián del conocimiento oculto se decidiera a actuar y entonces ella estaría preparada. Aquello era un desastre, alguien tenía que hacer algo y los humanos eran incompetentes.

Aunque tampoco los guardianes del conocimiento habían demostrado mucha eficacia; si le dieran una oportunidad se iban a enterar. Ella tenía muchas cosas que contarles, comprendía la naturaleza humana y parece ser que los guardianes no... Y sus pensamientos fueron escuchados, ya que encima de la mesa de su casa encontró el pergamino después de un extraño olor a rosas, que para ella significaba siempre un mensaje del mas allá. La mujer Piscis se puso en marcha.

Cada uno de estos hombres y mujeres habían sido escogidos de acuerdo con las leyes. Ninguno de ellos las había trasngredido nunca, nada, ni siquiera en pensamiento; no se trataba de una competición, sólo se trataba de hacerlo bien, de creer que el cambio era posible, de estar dispuesto a entregarlo todo por la humanidad y ninguno de ellos dudó un instante; todos fueron al lugar más alto y más cercano de donde se encontraban.

La llegada de los 12 seres humanos
Fue como un fugaz viento estridente, ensordecedor, que les hizo aparecer en un lugar desconocido. Era un castillo, pero en el lugar de nin-

guna parte, sus ojos no acertaban a describir lo que veían. Lo primero que observaron era que no eran los únicos, puesto que había otros con la misma cara de susto. La mujer Virgo calculó rapidamente: «somos 12 y todos con el pergamino en la mano» pensó. Pero fue la mujer Piscis la que habló primero:

Alguno de vosotros sabe qué viene a continuación. Yo sólo sé que he leído el pergamino, he llegado a la montaña más alta de mi pueblo y entonces he aparecido aquí.

Todos comenzaron a decir que les había pasado lo mismo, y entonces aconteció algo inaudito: frente a sus ojos se abrió una enorme puerta que daba a una incierta estancia de la que tan sólo se veía una alfombra roja que invitaba a entrar, pero escucharon una voz o ¿acaso era un sonido metálico?

Todos entraron, en fila, sin pensarlo, y entonces lo vieron todos y cada uno de ellos: los símbolos, el conocimiento, la energía, la capacidad de lograr los sueños, y entendieron y asintieron, y todos estuvieron de acuerdo en que había que enseñar las leyes universales, pero, de forma justa, equilibrada con conciencia, y se comprometieron a que, por cada uno de ellos, cien seres humanos más por lunas habrían aprendido y cada uno de ellos, a su vez, se comprometería a otros tantos, así hasta formar una cadena tan sabia que el resto del mundo les seguiría.

Y se marcharon, y sucedió el eclipse, pero lejos de destruirse la humanidad, hoy se habla de recuperar los valores. Hay gente que quiere saber el alcance de sus sentimientos y conocerse a sí mismo es su reto. Sí, todavía hay injusticias, muchas, pero hay esperanza porque hay nuevos dirigentes, líderes, periodistas honrados, buenos médicos, buenos artistas, buenos maestros, buena gente; hay amigos, desconocidos amables, sueños posibles de una humanidad más sabia y justa. Por eso los símbolos están con nosotros.

Así dice la historia que me contaron en una noche fría en el lugar de ninguna parte, rodeada de amigos, parientes y gente honrada.

Capítulo 9

CARACTERÍSTICAS FÍSICAS DE LAS FIGURAS

Tradicionalmente existen unas características físicas en el Tarot tradicional español que son las mismas, para las figuras que quedan de la ya conocida como baraja española, que es idéntica pero con menos cartas.

EL PALO DE OROS
Representados por sus discos dorados, adornados de estrellas y a veces simbolizados por unas plantas que pueden simbolizar el laurel, y otras veces el trigo, son el germen, la regeneración, la acción primera, la mente, la inteligencia. Manifestaban el poder económico; en la Edad Media, la cor-

te y tal vez la Iglesia, pero en la actualidad son los financieros, los opulentos, el dinero, el poder, pero sustentado por la inteligencia, necesaria para actuar.

REINAS

Todas representan el elemento femenino. Van desde la edad madura (40 años o más).

REINA DE OROS: Mujer rubia, de buenos modales, arreglada.
REINA DE COPAS: Mujer de cabello castaño, agradable, aspecto suficiente.
REINA DE BASTOS: Mujer de cabello rubio con canas, agradable, a veces desaliñada.
REINA DE ESPADAS: Mujer morena, de aspecto sobrio, seria, triste.

REYES

Todos representan el elemento masculino. Van desde la edad madura (40 años o más).

REY DE OROS: Hombre rubio, elegante.
REY DE COPAS: Hombre de cabello castaño, agradable, de aspecto suficiente.
REY DE BASTOS: Hombre de cabello rubio con canas, a veces desaliñado.

REY DE ESPADAS: Hombre moreno, de aspecto serio, pero elegante.

CABALLEROS
Representan siempre al genero masculino, excepto cuando sólo indican noticias.

CABALLERO DE OROS: Hombre rubio. Joven, máximo 30 años. Atractivo.

CABALLERO DE COPAS: Hombre moreno, estatura baja, pero muy guapo.

CABALLERO DE BASTOS: Hombre rubio, estatura baja.

CABALLERO DE ESPADAS: Hombre moreno, alto, atractivo.

SOTA
Representan siempre al genero femenino. Son las adolescentes de como máximo 22 años.

SOTA DE OROS: Mujer rubia, joven e inteligente.

SOTA DE COPAS: Mujer morena, joven, soñadora, artista.

SOTA DE BASTOS: Mujer rubia, joven, impulsiva.

SOTA DE ESPADAS: Mujer morena, joven, sensata.

Hay que mencionar que, a diferencia del Tarot de 78 cartas, en la cartomancia, el sexo de las figuras suele tener carácter inamovible, excepto en los Caballeros, que en determinadas posiciones simplemente indican la llegada de noticias.

Vía del fuego

Significado adivinatorio
del Tarot tradicional español

AS DE OROS
Significado general
Suerte, renta, dinero extra, prosperidad, caminos abiertos.

Significado concreto
Llega una oportunidad para ganar dinero, te ofrecerán un trato beneficioso. Buena suerte.

DOS DE OROS
Significado general
Reparto justo. Embarazo. Reconocimiento. Noviazgo.

Significado concreto
Utilizan buenas palabras para convencerte. Buena intención. Anuncio de noviazgo, o embarazo.

TRES DE OROS

Significado general

Reconocimientos merecidos. Éxito. Dinero, prosperidad.

Significado concreto

Dinero que llega. Honores. Un buen empleo. Satisfacción.

CUATRO DE OROS

Significado general

Representa el pago excesivo para obtener lo que deseamos: es el mal pacto. La usura en todos sus términos.

Significado concreto

Representa el avaro. Si te deja dinero son intereses altos. Pacto mezquino. Situación de indefensión.

CINCO DE OROS
Significado generral
La verdad oculta. La falsa virtud, el engaño, el timo. Intereses ocultos, desorden y mentiras.

Significado concreto
La doble cara, el engaño, la falsedad, la hipocresía, la pérdida espiritual o material.

SEIS DE OROS
Significado general
Las promesas que no se cumplen. Los negocios que no son rentables. El trabajo mal remunerado.

Significado concreto
Se aprovechan de tu buena fe, esperan que les dejes dinero o hables por ellos. Son situaciones mezquinas.

SIETE DE OROS
Significado general

Autoconfianza, buena suerte, noticias favorables. Regalos. Ingresos extraordinarios.

Significado concreto

Solución, triunfo, buena suerte. Llegada de buenos amigos. Noticias.

OCHO DE OROS
Significado general

Los cobros, las herencias; los amigos y parientes nos ayudan. Apoyos a nuestro favor.

Significado concreto

La familia, los parientes nos apoyan. El respaldo de los otros. Asociación responsable. Herencia. La verdad a nuestro favor.

NUEVE DE OROS
Significado general
Hemos sido previsores y ahora podemos hacer frente a los problemas. Dominio de las circunstancias.

Significado concreto
Debes enfrentarte con tus propios recursos. Tú solo saldrás adelante. Superación de los problemas. Solución con tus medios.

DIEZ DE OROS
Significado general
Seguridad material, comodidad, tranquilidad, influencias, familia que te apoya, amigos que reconocen tu honestidad.

Significado concreto
Todo va bien a nivel material: los negocios, los amigos, las influencias, menos el amor. Son las inversiones seguras. Las sagas familiares. Las dinastías representativas. El poder.

Representación general del palo de Oros

Los Oros representan el dinero y el poder, la influencia y los apoyos en el Tarot tradicional español, o bien entendido, la auténtica baraja española simboliza el elemento aire. Es la primavera y la transformación; es el palo que tiene poder para realizar los cambios, ya sean para bien o para mal. En la Edad Media, representaban la burguesía y la Corte, la voluntad y la acción. El Rey de Oros es tradicionalmente un hombre vicioso y moreno. La Reina de Oros es una mujer morena que, a favor, te ayuda y, en contra, es intrigante y poderosa. El Caballero de Oros es el militar que manda en la tropa. La Sota de Oros es el hijo pródigo, un joven moreno.

Donde aparezca cualquiera de estas figuras acompañada del tres de Oros, es una persona noble de elevada posición padre de un niño.

Acompañado del Cinco de Oros es el amante y la persona desordenada que no es de fiar.

Significado de las figuras del palo de Oros

SOTA DE OROS
Significado general
Tradicionalmente es el paje, a veces el sirviente y, en última instancia, el hijo más joven. Representa la juventud y el valor. Pero debe respeto a sus mayores. Obedece, porque acepta que éstos saben más y le protegen. Debe ser siempre un digno representante del estamento que representa.

Significado concreto
Hombre rubio y joven, es el perfecto discípulo, el estudiante superior. Persona de familia rica y poderosa, influyente, noble; viene para ayudarte.

CABALLERO DE OROS
Significado general
Tradicionalmente es el defensor de los desamparados, el perfecto soldado. El que posee un conocimiento y una fuerza superiores. El que lucha en nombre de una causa justa. Es también el hijo mayor, el que defiende a la familia y sus causas.

Significado concreto
El que trae noticias, buenas nuevas. Entra una persona nueva en tu vida, viene con regalos y buena fortuna. Hombre rico, leal, legal y de gran poder. Hombre rubio de mediana edad. Es inteligente, obtiene soluciones rápidas y eficaces.

REY DE OROS
Significado general

Tradicionalmente representaba el máximo poder, Sin su aprobación nada era posible. Simboliza el padre, la autoridad, el que tiene la última palabra. También se refiere al éxito sin discusión.

Significado concreto

Hombre rubio, maduro. Representa al banquero, al financiero, al que mueve los grandes negocios. El protector, el intelectual brillante y de reconocido prestigio. Intenta favorecer con su forma de actuar, justa y recta.

REINA DE OROS

Significado general

Tradicionalmente es la esposa del Rey y también es poderosa e influyente, en muchos casos la mediadora. Es la madre, la que comparte el destino e influencia en él de forma mayoritariamente sutil, pero también eficaz.

Significado concreto

Mujer rubia, tez blanca y rosada. Es práctica y de buenos modales, de buenas palabras, pero siempre para conseguir sus fines. Simboliza la mujer poderosa, influyente, que apoya el arte y la ciencia. Capaz de hacer de mecenas si cree que la causa es justa.

Significado adivinatorio del palo de Copas

AS DE COPAS
Significado general

Tradicionalmente significa una situación feliz que envuelve al consultante. Es la comunicación, la alegría, la mesa que tiene abundantes víveres que se comparte con amor. Representa las fiestas, las celebraciones, el amor.

Significado concreto

Simboliza el amor en cualquiera de sus manifestaciones. Es la solución feliz. El nacimiento de un hijo. El inicio de un amor duradero y fiel. Es la carta sincera, la declaración de principios.

DOS DE COPAS
Significado general
Tradicionalmente es la amistad, la felicidad que se comparte. Los amigos, las fiestas, la amabilidad, el embarazo deseado. El amigo verdadero que te ayuda.

Significado concreto
Simboliza los cumpleaños, la celebración de la vida feliz. El amor verdadero, el noviazgo, la amistad sincera, la invitación de alguien a quien quieres.

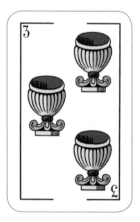

TRES DE COPAS
Significado general
Tradicionalmente es la boda, el bienestar material y emocional. Los deseos cumplidos. Los sueños se realizan. La pasión por algo o alguien.

Significado concreto
Es el matrimonio. El nacimiento de un hijo. La alianza que traerá resultados positivos. Los amigos verdaderos. Las asociaciones.

CUATRO DE COPAS
Significado general
Tradicionalmente es la bebida excesiva; representa el banquete con las borracheras y la lujuria. La rutina que nos lleva a cometer excesos para salir del aburrimiento.

Significado concreto
Simboliza las fiestas, las orgías, la bebida en exceso. Los excesos de todo tipo. El derroche absurdo, el juego, el hastío, el aburrimiento.

CINCO DE COPAS
Significado general
Es la carta de los celos que conducen al desastre y la pérdida de los que se ama. Son las dudas que atormentan al consultante.

Significado concreto
Anuncio de boda que no es del todo feliz; las dudas atormentan. También simboliza la indecisión frente a alguien en quien no confiamos. A veces se refiere a la noticia negativa sobre algo que deseamos porque no se fían de nosotros.

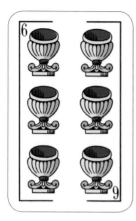

SEIS DE COPAS
Significado general
Tradicionalmente es la soledad, la sensación de pérdida y de no entender la actitud de los demás. Es el balance del pasado que ya no volverá. A veces indica las noticias de alguien que ya no forma parte de nuestra vida, y todo ello nos obliga a hacer balance.

Significado concreto
El pasado que nos atormenta. La pérdida de un amor. Nos sentimos solos y llenos de nostalgia; sentimos que nadie nos comprende.

SIETE DE COPAS
Significado general
Tradicionalmente es la carta de la oportunidad de solucionar lo imposible. De corregir una actitud que nos ha llevado a consecuencias muy negativas en nuestra vida.

Significado concreto
Simboliza la reconciliación, la buena suerte. El amor que retorna a nuestra vida. La actitud de buenas costumbres que se recupera tras un largo período de sufrimiento. Las disculpas, el arrepentimiento sincero.

OCHO DE COPAS
Significado general
Tradicionalmente es la carta de la renuncia y el sacrificio a favor de los que amamos. Muchas veces marca un período de austeridad, pero con alegría y llevadero. La responsabilidad.

Significado concreto
Simboliza los hijos que nos obligan al sacrificio para ayudarles. Las responsabilidades que nos arrastran a situaciones difíciles, pero que llevamos con filosofía. El sacrificio por amor.

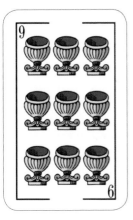

NUEVE DE COPAS
Significado general
Tradicionalmente es la conciencia de una vida inesperada que no tiene nada que ver con lo que se quería. Hay amistad y buena voluntad, pero falta el amor y las raíces.

Significado concreto
Simboliza la soledad y la tristeza, pero con buenos amigos y afectos inesperados que nos rodean y hacen más agradable nuestra vida.

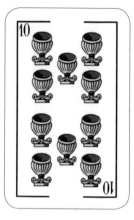

DIEZ DE COPAS
Significado general
Tradicionalmente es la carta del respeto de los demás hacia el consultante. Se disfruta de los que amas, ya que ellos valoran todos tus esfuerzos. Es estar de acuerdo con el lugar que ocupas en la vida.

Significado concreto
Simboliza la satisfacción moral de haber hecho todo lo posible por los que quieres. Te respetan; es el amor de la familia por el consultante.

Significado adivinatorio general del palo de Copas

Representadas por un ánfora, vasija o copa, y en la baraja francesa por un corazón. Es la recepción, el sentimiento, el fluido, la conceción de la vida. La alegría en todas sus expresiones, las buenas y las no tan buenas. También es el despertar de la conciencia, reconocer los verdaderos sentimientos. Su elemento es el agua. Su naturaleza muestra su máxima expresión en otoño. Suele corresponder con los artistas, filósofos y clérigos. En general, representa la cultura y la farándula. Las cartas del palo de Copas tienen algunas excepciones según la tradición, como el ocho de Copas, que suele referirse a una mujer rubia. La Sota de Copas a un joven rubio. El Rey de Copas a un hombre de posición de cabello castaño y la Reina de Copas a una mujer de pelo castaño y casada.

No hay que olvidar que la baraja española debe leerse siguiendo todas las cartas, de ningún modo por separado como se hace en el Tarot, pues de otro modo, simplemente se trata de informaciones inconexas.

SOTA DE COPAS
Significado general
Tradicionalmente es la juventud y el hijo menor, pero, en el caso del palo de Copas, es el hijo menor que vive de forma independiente y bohemia, fuera del orden establecido. Aunque casi siempre se refiere a una joven morena de cabello oscuro, cuando representa a un hombre joven, éste se describe como un joven rubio.

Significado concreto
Una mujer feliz y alegre que sabe aprovechar las oportunidades. Es altruista e inteligente. Quiere ayudar, es optimista.

CABALLERO DE COPAS

Significado general

Tradicionalmente es el hijo mayor, el que defiende los intereses de la familia. Pero, en el caso del palo de Copas, es el altruista que se ofrece ayudar a los demás.

Significado concreto

Un hombre moreno de estatura baja normal. Representa al seductor, el galante; puede ser un Casanova. Es el anárquico que sigue sus impulsos y le es fácil enamorarse.

Este hombre entra en tu vida, es romántico y encantador. Le gustan todas las mujeres, pero siempre ayuda.

REY DE COPAS
Significado general

Tradicionalmente es el monarca, el que manda, el poderoso. La autoridad por antonomasia, pero, en el caso del Rey de Copas, nos habla de un hombre poderoso pero influenciable, aunque no influyente, alguien que fácilmente puede cambiar de opinión, o de lugar si le ofrecen algo a cambio que le guste, según su capricho.

Significado concreto

Simboliza a un hombre de cabello castaño, maduro. Se presenta como un hombre sensual y sensible, paternal, cariñoso, pero débil. Su estado de ánimo puede ser muy alterable; a veces no sabe decir no. Es un hombre débil de carácter, puede ser bebedor o depresivo en situaciones límite, aunque es muy sensible y no pretende hacer daño.

REINA DE COPAS
Significado general

Tradicionalmente es la madre. La gran mediadora con el Rey, pero mucho más diplomática. En el caso de la Reina de Copas, es una mujer sensual e inteligente con un gran don de gentes pero, a la vez, es misteriosa y mordaz.

Significado concreto

Simboliza a una mujer de cabello castaño. Exuberante y de mediana edad. Es apasionada, inteligente, emprendedora. Le exige a la vida lo que cree que se merece. Puede ser apabullante, muy charlatana y cariñosa. No es calculadora, sólo se defiende si se siente atacada.

Significado adivinatorio del palo de Bastos

AS DE BASTOS

Significado general

Tradicionalmente representa la acción, la actividad que se relaciona directamente con el trabajo y la tradición. Antiguamente, en la Edad Media, representaba al campesino y al que viajaba a pie, atravesando caminos y contando aventuras. Es la voluntad en todos sus aspectos.

Significado concreto

Simboliza el logro de un trabajo a través del esfuerzo merecido. Aumentan los bienes. Noticia positiva, el pacto, la compra provechosa.

DOS DE BASTOS

Significado general

Tradicionalmente es la carta del valor frente a los pactos, la unión para vencer cualquier circunstancia. La reflexión ante una nueva situación que requiere fuerza y valor.

Significado concreto

Simboliza el esfuerzo recompensado. Los amigos que te ayudan y forman alianzas con el consultante. También puede indicar una reunión familiar.

TRES DE BASTOS

Significado general

Tradicionalmente es la carta de la solución conseguida a través de un pacto. También se refiere al apoyo de la ley y la familia.

Significado concreto

Simboliza el final de una lucha que culmina con un pacto. Muchas veces indica un viaje que se realiza para llegar a esa solución. Anuncia triunfo.

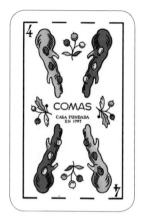

CUATRO DE BASTOS
Significado general
Tradicionalmente es la familia en calma y paz.

Es la época estable en la que nada malo sucede y todo está tranquilo. Todo sigue su curso.

Significado concreto
Simboliza la tranquilidad, la estabilidad del trabajo, la familia y la casa. Hay una protección que hace que los problemas no lleguen. Época próspera.

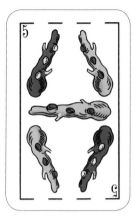

CINCO DE BASTOS
Significado general
Tradicionalmente es la carta de los problemas y oposiciones a nuestros intereses. No hay enemigos, pero sí adversarios. Los oponentes y rivales surgen de nuestro alrededor. Hay que defender lo nuestro para evitar pérdidas.

Significado concreto
Simboliza la defensa. Hay que defender lo que es tuyo porque intentarán arrebatártelo. No importa que tengas razón. Situación de peligro. No confíes en nadie.

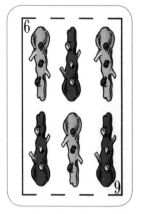

SEIS DE BASTOS
Significado general
Tradicionalmente es la carta de las buenas nuevas y buenas perspectivas. Las conversaciones son provechosas para el consultante. Todo mejora.

Significado concreto
Simboliza una época prospera, donde el consultante sentirá satisfacción por el desarrollo de su vida. Hay unión y felicidad con el entorno.

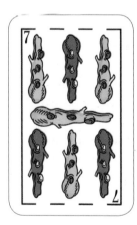

SIETE DE BASTOS
Significado general
Tradicionalmente es la carta del comienzo de una nueva etapa, donde hay que concluir con los asuntos del pasado que ya no son importantes en nuestra vida. Viene una época favorable en todos los sentidos.

Significado concreto
Comienzo de una nueva vida, trabajo, boda, nacimiento, viaje, etc. Todo cambia para mejor.

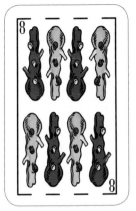

OCHO DE BASTOS
Significado general

Tradicionalmente es la carta del movimiento, tanto físico como material. También puede indicar viaje o traslado para conseguir sus fines. El consultante no está solo.

Significado concreto

Simboliza el trabajo en equipo. La unión hacia un fin común. El viaje buscando soluciones. El apoyo.

NUEVE DE BASTOS
Significado general

Tradicionalmente es la carta de los retrasos, la lentitud. El consultante no puede hacer nada para activar lo que le importa; está en manos de otros. No es el momento justo; para realizar nuestros planes hay que esperar.

Significado concreto

Cambio de casa, con retraso, procesos lentos pero positivos; es largo pero al final se conseguirá. A veces indica un largo viaje, quizá a otro continente.

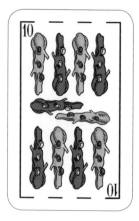

DIEZ DE BASTOS
Significado general
Tradicionalmente es la carta de los cambios en todos los sentidos. En la Edad Media, interpretaban que el campesino hacía un largo viaje, donde llegaría a un nuevo lugar y su fortuna mejoraría.

Significado concreto
Simboliza el cambio de domicilio, a veces incluso de país. Son viajes largos, que suelen representar islas.

Representación general del palo de Bastos

Representado por la bara en la baraja española y el trébol en la francesa y la anglosajona, simboliza la tradición, el símbolo fálico, el hombre, el padre, la energía masculina, el cetro de mando, la dominación, el apego a la tierra, la tradición. Indica valor, familia, trabajo y viajes. Era el campesino en la Edad Media y el obrero en la actualidad. Su elemento natural es el fuego. Su manifestación máxima es el verano. Se relaciona con el campo, la agricultura y ganadería o la fábrica y los obreros. También la aventura y el riesgo van asociados al palo de Bastos, así como los viajes largos y las estancias en el extranjero. Las cartas del palo de Bastos tienen algunas excepciones según la tradición. El seis de Bastos se relaciona con los sirvientes si le acompaña una figura, al igual que el diez de Bastos que se refiere entonces a una persona extranjera. El Rey de Bastos a veces es el hombre de campo al igual que la Reina de Bastos.

SOTA DE BASTOS
Significado general
Tradicionalmente las Sotas siempre son el hijo menor y la juventud, pero en el caso de la Sota de Bastos se refiere a una mujer rubia, joven. Buena amiga y fiel hija. Muy trabajadora y valiente, a veces es algo impulsiva.

Significado concreto
Simboliza a una mujer joven y rubia, simpática y divertida, de buen carácter. Excelente compañera de trabajo, muy activa. Impulsiva y fiel y está dispuesta a ayudar; le mueven actitudes idealistas.

CABALLERO DE BASTOS
Significado general
Tradicionalmente representa a un hombre rubio de estatura baja, aunque bien parecido. Es aventurero y quiere recorrer el mundo. Inquieto y misterioso, le mueven sus propios ideales, no sujetos a ninguna influencia.

Significado concreto
Simboliza al hombre rubio y bien parecido, un extranjero que llega para ayudarnos a cambiar nuestra vida. Le rodea el misterio, pero tiene buenas palabras e intenciones.

REY DE BASTOS

Significado general

Tradicionalmente es el monarca, el que manda, el padre, la autoridad. Pero en el caso del Rey de Bastos, hablamos del hombre honrado y trabajador que ostenta un rango en el trabajo que desarrolla, y el trabajo y la familia son su vida.

Significado concreto

Simboliza a un hombre rubio con canas de edad madura, es el agricultor o ganadero o el jefe de los obreros en la fábrica, el encargado. Tiene un puesto de responsabilidad. Es un hombre trabajador y legal. Juega limpio.

REINA DE BASTOS
Significado general
Tradicionalmente es la madre. La gran mediadora, pero en el caso de la Reina de Oros, es la esposa perfecta, la protectora de su familia, la cuidadora que se adapta a cualquier circunstancia. Trabajadora, es capaz de grandes logros.

Significado concreto
Simboliza a una mujer de cabello rubio con canas. Representa la madre que protege a los suyos. La esposa que cuida que todo esté en orden. En el trabajo es la trabajadora incansable. Su actitud es siempre legal y positiva.

Significado adivinatorio del palo de Espadas

AS DE ESPADAS
Significado general

Tradicionalmente representa la autoridad y la ley justa y los medios apropiados para aplicarla. Es también el honor que debe ser defendido. Reprenta el éxito para el consultante.

Significado concreto

Simboliza la defensa de aquello que es justo, enfrentarse a los enemigos con honor. Triunfo sobre los obstáculos, casi siempre a través de la ley.

DOS DE ESPADAS
Significado general
Tradicionalmente es la carta de las alianzas con honor. La credibilidad del consultante es su carta de presentación, la confianza hace que todo se resuelva con pactos.

Significado concreto
Simboliza la buena voluntad para que todo se resuelva; es el pacto, la alianza, la unión hace la fuerza. Nunca se está solo, siempre acompañado.

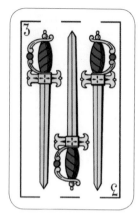

TRES DE ESPADAS
Significado general
Tradicionalmente es la carta de los contratiempos, pequeños disgustos que nos obligan a reajustar actitudes, pero nunca es nada que no pueda solucionarse. También indica retrasos en cuestiones de honor, o en la actualidad, en temas legales.

Significado concreto
El éxito a pesar de las intrigas; hay que actuar con diplomacia, si no, existe peligro de desastre.

CUATRO DE ESPADAS
Significado general
Tradicionalmente es el cierre de caminos, lo que significa que no podemos avanzar en nuestros propósitos. También significa los actos de mala fe que nos perjudican. Es una carta de mal augurio.

Significado concreto
Los enemigos nos acechan, las alianzas nos traicionan, no hay honor. El consultante debe ser prudente en todos los sentidos y no puede confiar en las buenas palabras.

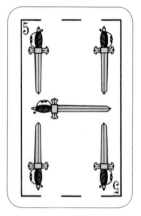

CINCO DE ESPADAS
Significado general
Tradicionalmente es la carta de los enemigos que nos acechan. También se refiere a temas pendientes que en el presente resurgen para hacernos pagar nuestros actos del pasado.

Significado concreto
Un antiguo conflicto del pasado resurge. Reclaman justicia y se pone en duda nuestro honor. Es una carta que anuncia adversidades difíciles de resolver.

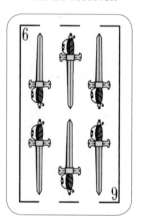

SEIS DE ESPADAS
Significado general
Tradicionalmente es la carta del imprevisto que nos desconcierta. Es también el desacuerdo, el deshonor. Es una carta que puede indicar pérdidas materiales si no vigilamos nuestros intereses.

Significado concreto
Es la reunión con los enemigos. La necesidad del pacto donde todos pierden. A veces indica extravíos de algo materialmente importante para nosotros.

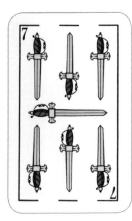

SIETE DE ESPADAS
Significado general
Tradicionalmente es la carta de la paz después de muchas luchas. Las oportunidades reaparecen y volvemos a tener ilusión, aunque el esfuerzo no ha terminado.

Significado concreto
La gran alianza, el fin de la guerra, el amnisticio, la paz. A partir de ahora, el consultante sólo puede tener buenas nuevas.

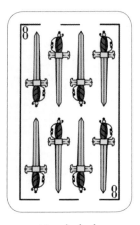

OCHO DE ESPADAS
Significado general
Tradicionalmente es la carta de la prisión y el dolor. Son las murmuraciones, las críticas, el desprecio, la falta de apoyo.

Significado concreto
Simboliza la prisión, la condena, la derrota, la bancarrota, el escándalo y el dolor. Es la actuación de la ley contra el consultante.

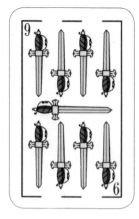

NUEVE DE ESPADAS
Significado general
Tradicionalmente es la carta de la desdicha casi siempre por motivos de salud. También representa la pérdida de seres queridos.

Significado concreto
La pérdida de bienes o la muerte de un ser querido, el gran disgusto, lo que no tiene remedio.

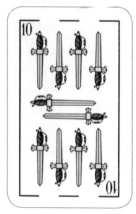

DIEZ DE ESPADAS
Significado general
Tradicionalmente es la culminación de la batalla cuando termina el punto final. Es el resurgimiento. Después de los peores conflictos, el consultante entra en un período de paz y reflexión.

Significado concreto
La batalla que precede al final de una guerra larga y cruenta. El consultante gana y los demás pierden.

Representacion general del palo de Espadas

Tradicionalmente representados por la espada, símbolo del guerrero, por una pica y, en alguna ocasión, por un hacha. Es el camino de las armas, el poder por la fuerza, la defensa del honor frente a todo. Simbolizaban en la Edad Media a los militares, los guerreros defensores de la Tierra y las posesiones de los poderosos; eran el brazo ejecutor de la ley y el poder. Las Espadas, acompañadas de una figura, tienen algunas excepciones según la tradición:

Si la figura acompaña al dos de Espadas, es una persona influyente; si le acompaña el nueve de Espadas, es un eclesiástico; si aparece la Sota de Espadas al lado de una figura, es el espía y si lo hace al lado del caballero de Espadas, es un militar. Si es el Rey de Espadas, es un hombre malvado, un letrado; si es la Reina de Espadas, es una viuda malvada. Pero el palo de Espadas es el que representa siempre la defensa del honor y la verdad. Representa al invierno en su máxima expresión.

SOTA DE ESPADAS
Significado general
Tradicionalmente siempre representa la jueventud y el hijo menor. Pero, en el caso de la Sota de Espadas, es el hombre moreno que investiga y busca la verdad, que es reservado e íntegro.

Significado concreto
Joven moreno guerrero, valeroso y desconfiado. Está enamorado, pero su amor es muy platónico y le cuesta expresarlo.

CABALLERO DE ESPADAS
Significado general
Tradicionalmente es el hijo mayor, el defensor de la estirpe. Pero, en el caso del caballero de Espadas, se refiere a un hombre moreno alto capaz de solucionar lo imposible a través de su inteligencia y valor.

Significado concreto
Simboliza a un hombre moreno alto e idealista que entra en tu vida. Es acaudalado y poderoso y puedes confiar en él. Tu causa la defenderá, antiguamente se refería al soldado de rango que hablaba con el señor para defender tu causa; actualmente suele referirse a un hombre de bien que media o abogado.

REY DE ESPADAS
Significado general

Tradicionalmente el Rey siempre es quien ostenta el poder, pero en el caso del Rey de Espadas, se refiere a un hombre moreno de edad madura, de carácter recto pero justo, austero y digno de confianza, con gran capacidad de concentración.

Significado concreto

Hombre moreno adulto y estricto que ostenta gran poder, aunque justo; es también cruel con sus enemigos e imparte justicia. Si el consultante es inocente, nada debe temer del Rey, de lo contrario, su furia no tiene límites. A veces representa el abogado o el juez y en la época en que vivimos puede ser Hacienda o un estamento legal.

REINA DE ESPADAS
Significado general
Tradicionalmente es la madre y mediadora con el Rey, pero en el caso de la Reina de Espadas, es la mujer morena, que suele ser intrigante y maliciosa si le conviene para obtener sus fines; nunca se debe bajar la guardia con ella.

Significado concreto
Una mujer morena, astuta e inteligente, capaz de conseguir lo que se proponga, aunque sea con malas artes. No es sincera, cuidado.

Maestro de paz

Los números y la baraja española

Aunque ya lo he explicado en mis anteriores obras, creo que en esta ocasión debo hacer un breve análisis del concepto y la importancia de los números en la baraja española. Es sabido y demostrado que los naipes sufren una evolución de pérdida de cartas a lo largo de su historia, debido principalmente a la prohibición de éstas o los entonces conocidos nabis. Sin embargo, el conocimiento de los números está impreso en sus láminas, que en el caso de la baraja española, están numeradas del 1 al 10. Hay que tener presente que las cartas, en su esencia, se crearon para transmitir conocimiento de forma velada, es decir, que a simple vista no se apreciará; por ello, la ciencia de los números tiene su lugar y su código.

En un principio todo era unidad, pero ésta decidió disgregarse, y donde antes no hubo formas, éstas se crearon y así nacieron los números para medir las formas.

Correspondencia numérica y su significado

con el	n.º 1	iniciamos
con el	n.º 2	continuamos
con el	n.º 3	culminamos para expandirnos

con el	n.º 4	estabilizamos o estancamos
con el	n.º 5	viene la insatisfaccion y el declive
con el	n.º 6	somos vulnerables
con el	n.º 7	aceptamos y creamos
con el	n.º 8	luchamos (vivimos los conflictos)
con el	n.º 9	esperamos (es la paciencia)
con el	n.º 10	comprendemos

Aunque los números por sí solos no nos dicen gran cosa, cobran importancia cuando al realizar lecturas en una sola carta, o en una lectura, se repite el mismo número en dos ocasiones o más. Entonces puede comenzar a considerarse.

Mi padre me enseñó, como a él le había enseñado su madre, que dos ases juntos, independientemente del palo al que pertenecieran, indicaba un gran cambio. Como siempre, la tradición heredada de nuestros mayores nos proporciona un conocimiento válido. Yo he comprobado la certeza de tal afirmación. En este caso de los dos ases, los dos inicios coinciden con una situación de gran cambio.

Por desgracia, con respecto a la baraja española, no he encontrado ningún tratado claro, excepto la lista que les voy a indicar, que aparece en varios tratados antiguos sobre las cartas de diferente palo e igual número y coincide con el significado que les dan.

Significado de cartas juntas
con el mismo número

ASES

4 Ases.................. Suerte
3 Ases.................. Acierto
2 Ases.................. Cambio y engaño

DOSES

4 Doses .... Pacto
3 Doses .... Contienda
2 Doses .... Seguridad

TRESES

4 Treses .... Progreso
3 Treses .... Utilidad
2 Treses .... Calma

CUATROS

4 Cuatros .... Viajes
3 Cuatros .... Reflexión
2 Cuatros .... Desvelo

CINCOS

4 Cincos.............. Regularidad
3 Cincos.............. Determinación
2 Cincos.............. Vigilias

SEISES

4 Seises .... Abundancia
3 Seises .... Suceso
2 Seises .... Irascibilidad

SIETES

4 Sietes .... Intrigas
3 Sietes .... Enfermedad
2 Sietes .... Noticia

OCHOS

4 Ochos .... Contratiempo
3 Ochos .... Matrimonio
2 Ochos .... Nuevo conocimiento

NUEVES

4 Nueves .... Buen amigo
3 Nueves .... Acierto
2 Nueves .... Espera

DIECES

4 Dieces .... Contradicción
3 Dieces .... Nuevo estado
2 Dieces .... Cambio

SOTAS

4 Sotas .... Enfermedad mortal

3 Sotas .... Disputa

2 Sotas .... Inquietud

CABALLERO

4 Caballeros .... Negocios de importancia

3 Caballeros .... Debates

2 Caballeros .... Intimidad

REYES

4 Reyes................ Honores

3 Reyes................ Consulta

2 Reyes................ Consejo

REINAS

4 Reinas .... Gran entrevista

3 Reinas .... Engaño de mujer

2 Reinas .... Amigos sinceros

Existe un aspecto sobre el valor que se le otorga a la baraja y los elementos que me gustaría aclarar, pues muchos estudiosos del tema se encuentran inmersos en una verdadera confusión acerca de este tema.

Del mismo modo que los números tienen un contenido esotérico, es decir, oculto, en cuanto al significado, lo que hace que se tenga que conocer y comprender el código para utilizarlo, el uno, esotéricamente, es el comienzo, pero exotéricamente es el que gana, el campeón, el que tiene el As. Hay que entender que toda la baraja está llena de los dos conceptos, y cuando hablamos de los elementos, entramos en una polémica absurda. Así donde simplemente algunos autores utilizan el significado exotérico en los palos, otros empleamos el esotérico.

Desde el punto de vista exotérico, los Oros representan el elemento fuego, porque se asocia a simple vista con lo material. Las Espadas con el aire, porque se mueven cortando el aire (lo que se ve). Los Bastos la tierra, porque representa al campesino y la tradición de la familia y, finalmente, las Copas el elemento agua, pues es el que contiene el fluido, el líquido, las emociones.

Desde el punto de vista esotérico, es decir, el oculto, el que no se ve, donde el profano sin conocimiento alguno no puede acceder, es bien distinto, excepto para el palo de Copas, que sigue siendo el agua, pero, en este caso, como el recipiente de los sentimientos, como fluido de las emociones y la vida. El palo de Oros se relaciona con el elemento aire, la inteligencia para transmutar y conseguir el dinero y el poder. Las Espadas con el elemento tierra, como defensoras de las tierras de los antiguos señores feudales y la ley de éstos sobre los hombres mundanos. Y los Bastos el fuego, como el impulso necesario para trabajar duramente, defender a cualquier precio la familia.

Como podrá ver el amigo (a) lector (a), el sentido esotérico tiene mucha más riqueza y lógica que el exotérico, sobre todo por el hecho de que las Espadas cortan el aire. Personalmente, creo que se sustenta de una forma infantil, y no quisiera ofender a nadie, pero por desgracia hay muchos libros que plagian y no contrastan con las fuentes, lo que hace a veces difícil para el auténtico estudioso encontrar la verdad. Quisiera aportar mi humilde grano de arena y, si algún detractor bélico se siente ofendido, de antemano pido humildemente perdón.

Lecturas tradicionales

Con toda seguridad, si algo caracteriza a la baraja española, es su inmediatez en el uso de sus predicciones, a diferencia del Tarot, que fácilmente puede expresar situaciones lejanas en el tiempo, sobre todo el Tarot egipcio, que en su lectura de la vida, puede hablar desde el nacimiento hasta el final de la vida. Pero sin quitarle mérito a la baraja española, que lo tiene y mucho, las lecturas típicas son las que van desde una sola carta a más. Veamos las más tradicionales.

Lectura de una carta

Se utiliza para preguntar sobre un acontecimiento concreto a lo largo del día. Ejemplo: Alexia quiere saber cómo irá la conversación con su jefe ese día en el trabajo.

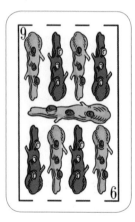

NUEVE DE BASTOS
Significado concreto
Retraso, cambio de domicilio con retraso, procesos lentos, pero positivos; es largo, pero al final se conseguirá. A veces simplemente indica un largo viaje, quizá a otro continente.

Interpretación
El jefe pedirá paciencia a Alexia, pero con la promesa de que las cosas mejorarán. Le hablará de posibles cambios, que a lo mejor podrían indicar un traslado, pero siempre a largo plazo.

Lectura de tres cartas

| 1 | 2 | 3 |

Se utiliza para preguntar un acontecimiento a lo largo de un mes.

Las posiciones de las cartas son:

Presente, para la posicion 1,

Obstáculo para la 2 y

Resultado final para la 3.

Ejemplo: Alexia quiere saber cómo le irá con una persona a nivel sentimental a lo largo del mes.

PRESENTE	OBSTÁCULO	RESULTADO FINAL
AS DE COPAS	TRES DE OROS	CINCO DE BASTOS

Presente, AS DE COPAS
Significado concreto
Nace un hijo, un amor, se recibe una carta, una declaración, hay sinceridad.
Interpretación
Actualmente hay un sentimiento sincero de enamoramiento.

Obstáculo, TRES DE OROS
Significado concreto
Dinero que llega, honores. Satisfacción. Un buen empleo.
Interpretación
Habrá una propuesta o noticia que llega que causa satisfacción, pero que es un inconveniente para la relación –por ejemplo, un empleo cuyo horario haga que los enamorados se vean menos.

Resultado final
Significado concreto
Hay que defender lo que es tuyo o intentarán arrebatártelo; no importa que tengas razón. Peligro.
Interpretación
En un mes habrá dificultades en la relación y para superarlas, ambas partes tendrán que poner mucho de su lado. No es una carta que anuncia ruptura, pero sí problemas.

Lectura de herradura, 7 cartas

Posición 1	Pasado
Posición 2	Presente
Posición 3	Futuro un mes
Posición 4	Obstáculo
Posición 5	Futuro tres meses
Posición 6	Futuro seis meses
Posición 7	Resultado final

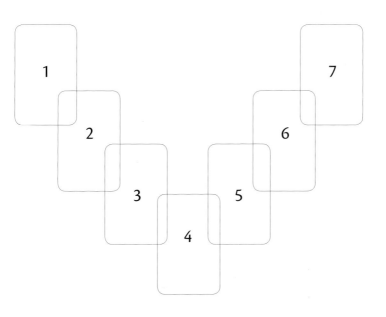

Ejemplo: Alexia quiere saber cómo le irá la economía durante los próximos seis meses

Posición 1	Tres de Espadas
Posición 2	Cuatro de Oros
Posición 3	Siete de Oros
Posición 4	Cuatro de Copas
Posición 5	Tres de Copas
Posición 6	Ocho de de Oros
Posición 7	Nueve de Copas.

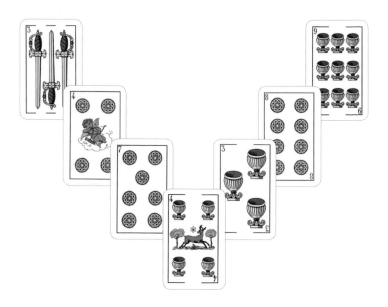

Posición 1, Tres de Espadas–Pasado
Significado concreto
Éxito a pesar de las intrigas, hay que actuar con diplomacia; de lo contrario, puede ocurrir un desastre.

Interpretación
En el pasado, la consultante tenía pocos recursos económicos, aunque no vivió estrecheces graves.

Posición 2, Cuatro de Oros–Presente
Significado concreto
Representa al avaro. Si te deja dinero, cobrará intereses; pacto mezquino.

Interpretación
En el presente, la consultante debe ser extremadamente prudente y debe evitar pedir dinero o un crédito; de lo contrario, en el futuro tendría problemas.

Posición 3, Siete de Oros–Futuro un mes
Significado concreto
Solución, triunfo, buena suerte. Llegada de nuevos amigos.

Interpretación
En un mes, se producirá una mejora económica para la consultante.

Posición 4, Cuatro de Copas–obstáculo de los próximos seis meses
Significado concreto
Fiestas, excesos en la bebida, excesos en general, lujuria, hastío, aburrimiento.
Interpretación
La consultante debe vigilar los gastos innecesarios, pues podría perder el control de sus finanzas.

Posición 5, Tres de Copas–Futuro tres meses
Significado concreto
Matrimonio, nacimiento de un hijo. Alianza emocional. Pasión.
Interpretación
En los próximos tres meses la economía sera buena y habrán gastos por impulsos emocionales, pero no por imprevistos.

Posición 6, Ocho de Oros–Futuro próximos seis meses
Significado concreto
La familia y los parientes te ayudan. Asociación responsable. Herencia.
Interpretación
El consultante recibe durante estos meses apoyo económico a través de la familia, puede ser por una herencia.

Posición 7, Nueve de Oros–Resultado Final

Significado concreto

Debes enfrentarte a tus propios recursos. Tú solo (a) saldrás adelante.

Interpretación

Aunque la familia apoyará durante estos meses económicamente a la consultante, ésta será independiente y se valdrá por sus propios recursos.

Existen muchas lecturas tradicionales, pero me gustaría terminar con la lectura del sí o no, que se realiza a una carta en la que la interpretación suele ser a veces tan personal que yo siempre tengo en cuenta el significado del número.

Ejemplo:
¿Cambiaré de domicilio en el plazo de un año?

AS DE ESPADAS
Significado concreto
Defender aquello que es justo, enfrentarse a los enemigos. Triunfo sobre los obstáculos.
Interpretación
El consultante cambia de domicilio, pero no porque la carta en sí lo diga de forma explícita, sino porque el número es uno y significa comienzo.

Ejemplo:
¿Cambiaré de trabajo en el plazo de un año?

AS DE BASTOS

Significado concreto

Una compra provechosa, aumento de bienes. El logro de un buen trabajo y una compra provechosa.

Interpretación

Sí, cambiará de trabajo. Aquí, la carta es explícita y aunque el significado numérico no se contradice, no es necesario.

Índice